Burkhard Schröder
Ich war ein Neonazi

Burkhard Schröder

Ich war ein Neonazi

Reportage über den Aussteiger Ingo Haßelbach

Ravensburger Buchverlag

Die Deutsche Bibliothek – CIP-Einheitsaufnahme

Schröder, Burkhard:
Ich war ein Neonazi: Reportage über den Aussteiger
Ingo Hasselbach / Burkhard Schröder. –
Ravensburg: Ravensburger Buchverl., 1994
(Ravensburger junge Reihe)
ISBN 3-473-35139-3

Ravensburger Junge Reihe

4 3 2 1 97 96 95 94

Umschlagzeichnung: Sabine Lochmann
Fotos: Dietmar Gust / Bildagentur Zenit, Berlin
Gesamtherstellung: Ebner Ulm
Printed in Germany

Gedruckt auf Papier aus chlorfrei gebleichtem
Zellstoff ohne optische Aufheller

ISBN 3-473-35139-3

1

Beinahe hätte ich ihn verpaßt. Der Anführer der Ostberliner Neonazis wohnte in der Wotanstraße im Berliner Stadtteil Lichtenberg. Als Journalist, der Artikel und Bücher über die rechte Szene veröffentlicht, hatte ich häufigen Kontakt zu ihm gehalten: Um über Neonazis schreiben zu können, muß man vorher mit ihnen reden. Wenn ich ihn besuchte, parkte ich meinen Wagen unauffällig in einer Seitenstraße und näherte mich vorsichtig dem Haus, dessen Eingang sich an der Rückseite befindet. Vor Ingo Haßelbach hatte ich keine Angst, obwohl der junge Mann – er war damals Mitte Zwanzig – knapp zwei Meter groß, kräftig und intelligent ist und weiß, wie man mit Schußwaffen und Molotowcocktails umgeht. Mir war jedoch zu Ohren gekommen, daß seine Gesinnungsgenossen mir nicht wohlgesonnen waren. Einige von ihnen hatten in diversen Kneipen, wo Rechtsradikale verkehren, angekündigt, daß sie »dem Scheißjournalisten die Fresse polieren« wollten. Haßelbach war aber immer einer der wenigen Neonazis gewesen, mit dem man sich normal unterhalten und herumstreiten konnte. Er hatte sich sogar von mir einige Bücher ausgeliehen über Themen, die ihn interessierten.

Ich sah mich kurz um, aber niemand war mir auf den Fersen.

Auf Haßelbachs Briefkasten hinter dem Hauseingang pappten die Aufkleber, die ich schon kannte: die üblichen Hetzparolen gegen Ausländer und »Ist der

Ruf erst ruiniert, lebt es sich ganz ungeniert«. Das stimmte: Haßelbach war in unzähligen Zeitungsartikeln und Fernsehsendungen als einer der Gefährlichsten vorgestellt worden: Er galt als einer der wenigen nicht ganz dümmlichen Neonazi-Anführer, als Hoffnungsträger der militanten rechten Szene. Außerdem war er aus der DDR, geborener Ostberliner, einer von »Erichs rechten Enkeln«. Ich hatte ihn selbst in einer Reportage so genannt. Das machte ihn in den Augen vieler ostdeutscher Jugendlicher, die meinten, sie müßten »rechts« sein, glaubwürdiger als viele der westdeutschen Rechtsextremisten, die überall in den neuen Bundesländern herumreisten, um für ihre diversen Politsekten Mitglieder zu werben.

An seine Wohnungstür im zweiten Stock war ein Zettel geheftet. »Bin beim Türken«, stand darauf. Typisch, dachte ich: Viele Nazis brüllen unentwegt »Ausländer raus«, aber stopfen genauso unentwegt belgische Pommes frites, italienische Pizza und Döner Kebab in sich hinein. Ich wollte gerade die Treppe hinunter, als ich unten Schritte von schweren Stiefeln hörte. Es war Haßelbach. Er hielt mir die Hand hin, sagte freundlich »Hallo« und schloß die Wohnungstür auf. Er trug wie immer seinen Drei-Millimeter-Kurzhaarschnitt, ein unauffälliges T-Shirt, die obligatorischen »stone-washed«-Jeans und blankgeputzte Doc-Martens.

Während Haßelbach in der winzigen Küche Kaffee kochte, setzte ich mich auf das Sofa und sah mich um. Ich kannte die Zweizimmerwohnung schon, weil es nicht mein erster Besuch war. Im Flur, auf einem kleinen Tisch, lag eine schwere Pistole, daneben stand, an die Wand gelehnt, eine Machete. An der Wand ein Bild des Hitler-Stellvertreters Rudolf Heß, eine Karte mit den »deutschen Siedlungsgebieten vor Ausbruch des

Zweiten Weltkrieges« und ein Poster, darauf ein älterer Mann mit blauem Bauhelm. Das war neu. Der Typ auf dem Poster kam mir bekannt vor, ich wußte aber im Augenblick nicht, woher. Ich fragte Haßelbach, der gerade mit der Kaffeekanne hereinkam, wer das sei und ob er sich jetzt einen Bauarbeiter zum neuen »Führer« ausgesucht hätte. Haßelbach grinste über die Stichelei und sagte, das sei Ernst Zündel. Zündel also, der deutsch-kanadische Neonazi, der von Toronto aus Videokassetten und Propagandamaterial vertreibt, in denen die millionenfache Ermordung von Juden durch die Nazis geleugnet wird.

»Warum hängst du dir so einen Idioten an die Wand?« fragte ich Haßelbach. Er war es von mir gewohnt, daß ich auch vor seinesgleichen meine Meinung offen und drastisch sagte. »Zündel ist kein Idiot«, antwortete Haßelbach und goß mir Kaffee ein. »Ich finde das richtig, was er über den Holocaust sagt.« Ich winkte nur ab und meinte, wir müßten irgendwann einmal eine private »Schulung« zum Thema Auschwitz machen. Die Anspielung verstand er. Ich wußte, daß Haßelbach häufig vor jugendlichen Rechten Vorträge hielt und Propagandamaterial der Nazis vor Schulen verteilte. »Ich finde es schon komisch, daß du dich über die Konzentrationslager und die Vergasung der Juden nur bei deinen eigenen Leuten informierst«, sagte ich, »und alles andere gar nicht erst zur Kenntnis nimmst.« Haßelbach schlug vor, weil wir uns ohnehin nicht einig werden würden, daß ich ihm ein paar wissenschaftliche Bücher über den Holocaust leihen sollte. »Abgemacht«, sagte ich, »aber du wirst deine Meinung trotzdem nicht ändern, wie ich dich kenne.« Haßelbach bestand darauf, mir seinerseits einige Videos von Zündel und Nazi-Schriften zu leihen, damit ich die »Argumente« der Gegenseite auch kennenlernte.

Wir redeten ein wenig über das, was in der rechten Szene in der letzten Zeit »so los gewesen war«. Wir hatten ein merkwürdiges Verhältnis zueinander: Er, der Ossi, der sich »Nationalsozialist« nannte, erfahren im Umgang mit Pressevertretern, bei jeder größeren Nazi-Veranstaltung dabei; ich, der Wessi, der sich fast ebensogut in der Szene auskannte, aber bei den meisten als »rotes Tuch« galt, weil ich in meinen Veröffentlichungen nicht eben zimperlich mit den braunen Herrschaften umsprang. Eigentlich hätten wir erbitterte Feinde sein müssen.

Haßelbach erzählte auch von seiner Freundin, daß er jetzt häufig zu Eishockeyspielen ginge, daß er Angst hätte, »die autonomen Antifas« würden ihm auflauern oder seine Wohnung demolieren. Er war ein aufmerksamer Zuhörer, wirkte auf den ersten Blick sympathisch, ja vertrauenswürdig. Ich hätte keine Bedenken gehabt, auch persönliche Dinge mit ihm zu bereden. Wenn nicht eines gewesen wäre: Haßelbach war eben Neonazi und hegte, wie alle Rechten, rassistische und antisemitische Vorurteile. Mit solchen Leuten kann ich mich nicht anfreunden.

Nach einer Stunde brach ich auf. Haßelbach drückte mir die Hand und meinte: »Bis zum nächsten Mal.« Ich sagte: »Und? Du willst immer noch nicht aus der rechten Szene aussteigen?« Haßelbach grinste und antwortete nur: »Du spinnst.« Ich ließ nicht locker. »Du weißt, daß mein Angebot noch steht: Wenn du irgendwann auf vernünftige Gedanken kommen solltest, wende dich an mich.« – »Jaja«, sagte er nur.

Ein halbes Jahr später. Wir hatten uns nicht mehr gesehen, weil ich mich journalistisch mit dem Thema Rechtsextremismus nur noch selten beschäftigte. In ganz Deutschland gab es rassistische und fremden-

Ingo Haßelbach im Juni 1990

feindliche Anschläge. In Rostock klatschten Bürger Beifall, als eine johlende Menge mit Brandbomben auf Asylbewerber losging. In Mölln verbrannten eine türkische Frau und zwei Kinder in ihrer Wohnung. Niemand hatte ein Rezept, wie das braune Pack zu stoppen wäre.

Da erscheint in einem Nachrichtenmagazin eine kleine Meldung: Der Berliner Neonazi-Anführer Ingo

Haßelbach habe sich von der rechten Szene distanziert und öffentlich seinen Ausstieg verkündet. Ein zehnminütiger Fernsehfilm, der kurz darauf erscheint, zeigt ihn, wie er ein Hitlerbild verbrennt. Angeblich hätten ihm die Morde von Mölln zu denken gegeben. Ich fahre zu seiner Wohnung. An der Tür steht ein anderer Name, niemand öffnet.

Wieder vergehen mehrere Wochen. Haßelbach scheint wie vom Erdboden verschwunden. Ich vermute, daß er sich bei mir melden wird, wenn die Meldung wahr sein sollte. Spät in der Nacht klingelt mein Telefon. »Hier ist Ingo«, sagt eine Stimme. Zuerst weiß ich nicht, welcher Ingo da spricht. Plötzlich erkenne ich ihn. »Stimmt es, daß du ausgestiegen bist?« frage ich. »Ja«, antwortet er. »Ich bin in Paris untergetaucht und gerade wiedergekommen. Ich kann jetzt nicht lange reden. Die wollen mich umbringen.« Seine Stimme klingt ein wenig besorgt. »Wen meinst du?« frage ich. »Die Rechten natürlich. Die haben meine Schwester zusammengeschlagen und bei meiner Mutter die Scheiben eingeworfen. Können wir uns mal treffen?«

Ich überlege kurz. Gerade vor einigen Tagen habe ich in einer Zeitung, die von antifaschistischen Gruppen herausgegeben wird, gelesen, daß in Süddeutschland eine jüngere Frau aus der rechten Szene behauptet hat, sie sei ausgestiegen. Es stellte sich aber heraus, daß sie gelogen hatte und nur versuchte, an Informationen heranzukommen über Adressen der »Feinde« und über geplante Aktionen von antifaschistischen Gruppen. In derselben Zeitung wird auch vor Ingo Haßelbach gewarnt, der schon mehrfach vom Ausstieg geredet, diesen aber nie wahr gemacht habe. Man müsse davon ausgehen, daß es sich auch jetzt wieder um eine »Desinformationskampagne« der Neonazis handle.

Dennoch:

Ich verabrede mich mit Haßelbach für den nächsten Tag. Wir machen einen Treffpunkt in der Nähe meiner Wohnung aus. Ich überlege lange, ob ich ihn in meine bisher geheimgehaltene Wohnung bitten kann. Wegen meiner kritischen Berichterstattung über die Neonazis habe ich mehrere Morddrohungen von Rechtsextremisten erhalten. Auf Empfehlung der Polizei trage ich eine geladene Pistole bei mir. Ich werde spontan entscheiden müssen, ob ich ihm trauen kann oder nicht. Wenn ich mich falsch verhalte und zu gutgläubig bin, wird er vielleicht seinen Gesinnungsgenossen meine bisher geheimgehaltene Adresse verraten, was zu bösen Komplikationen führen könnte. Noch vor kurzem hatte ein Neonazi in Ostberlin einen Journalisten vor dessen Privatwohnung mit einem Messer angegriffen und ihn dabei schwer verletzt.

Ingo Haßelbach ist pünktlich zur Stelle. Er sitzt in einem zerbeulten Volkswagen, wohl, um schnell verschwinden zu können, wenn irgend etwas bei der Verabredung schieflaufen sollte. Wir begrüßen uns per Handschlag. Er trägt immer noch die bei Neonazis obligatorischen Springerstiefel, hat aber längere Haare als das letzte Mal. Ich mustere ihn kritisch. Er scheint nervös zu sein. »Ich werde dir alles erzählen«, sagt er, »die ganze Geschichte: Wie ich zum Nazi wurde und warum ich wieder ausgestiegen bin.«

2

Über die Jugendzeit Ingo Haßelbachs ist schon viel geschrieben worden. Der Anführer der Ostberliner Neonazis stand Journalisten stets bereitwillig Rede und Antwort. Aber jeder hatte seine eigene Variante der Lebensgeschichte gebastelt. Alle, die über ihn berichteten, entdeckten markante Punkte, die ihrer Meinung nach wichtig dafür waren, daß er sich zum Rechtsradikalen entwickelte: Beliebt als Erklärung waren zum Beispiel die schwierigen Familienverhältnisse. Doch lagen hier allein die Ursachen seiner rechtsextremen Karriere?

Ingo Haßelbach tauchte in den Medien als überzeugter »Nationalsozialist« auf, der alles bestätigt, was man schon immer über solche Leute dachte: Die Neonazis schwärmen für Hitler, hören Marschmusik oder »Blood and Honour«-Rhythmen rechter Skinbands, wollen ein großdeutsches Reich in den Grenzen von 1937, glauben an eine »jüdische Weltverschwörung«, bekennen sich zu den finstersten rassistischen Vorurteilen, wollen die Macht im Staat und dieses Ziel mit Gewalt durchsetzen. Haßelbach hatte nie Probleme, das alles zu bestätigen, wenn ihn einer danach fragte: keine Widersprüche in seinen Aussagen, keine Unsicherheiten in der Selbstdarstellung, keine Zweifel. Aber woran liegt es, daß Ingo Haßelbach im Gegensatz zu anderen den Ausstieg aus der Neonazi-Szene schafft? Haben seine Biographen etwas übersehen, was ihn von seinen »Kameraden« unterscheidet?

Zwei Wochen lang kommt Ingo Haßelbach jeden Tag zu mir und spricht aufs Band. Er wohnt in einer konspirativen Wohnung, die ihm einer der wenigen Freunde, die ihm nach seinem Ausstieg verblieben sind, zur Verfügung gestellt hat.

Wir treffen einige Vorsichtsmaßnahmen, damit ihm keiner folgt und unseren Treffpunkt ausfindig macht: Er parkt seinen Wagen nicht direkt vor meiner Tür, er wird niemandem meine Adresse verraten, er beobachtet die Straße, wenn er das Haus betritt oder wieder verläßt. Er weiß, daß seine ehemaligen »Kameraden« hinter ihm her sind. »Ich möchte nicht so enden wie Roger Bornemann«, sagt er mehrere Male. Der Neonazi Bornemann war vor einigen Jahren nach seinem Ausstieg von den eigenen »Leuten« aufgespürt und zu Tode geprügelt worden.

Ingo Haßelbach wird am 14. Juli 1967 in Berlin-Weißensee geboren. Die Mutter ist alleinstehend und Journalistin bei der DDR-Nachrichtenagentur ADN. In den ersten Jahren wachsen er und sein jüngerer Bruder Jens bei den Großeltern auf. Seinen Vater hat er damals nicht kennengelernt, denn der ist mit einer anderen Frau verheiratet. Als Ingo vier Jahre alt ist, heiratet die Mutter einen Kollegen, einen Chefredakteur derselben Agentur, und zieht mit ihm und ihren Kindern in eine Wohnung, in der endlich genug Platz für alle ist. 1974 wird Ingo eingeschult und kommt bald zu den Jungpionieren, wie fast alle Schulkinder der DDR. Täglich trägt er ein blaues Halstuch und, bei besonderen Anlässen, ein weißes Pionierhemd mit einem Emblem.

Jeden Morgen, wenn er das Haus verläßt, begegnet er einer älteren Frau, die über seinen Eltern wohnt. Bald erfährt er: Sie ist berühmt, denn sie ist eine Antifaschistin, die in einer Widerstandsgruppe gegen Hitler gewesen war. Sie sollte in der Nazi-Zeit sogar hingerichtet werden, doch es gelang ihr, nach Norwegen zu fliehen. Diese Frau holt, wenn Ingo die Treppe hinuntersteigt, ihr »Neues Deutschland« aus dem Briefkasten und läßt es sich dabei nicht nehmen, sein blaues Pionierhalstuch »richtig« zu binden. Ordnung muß sein. Selten schafft er es, der Frau aus dem Weg zu gehen.

Die meisten seiner Schulkameraden kommen aus »vorbildlichen sozialistischen Familien«. Fast alle Eltern sind beim Ministerium für Staatssicherheit beschäftigt: Im Einzugsgebiet der Schule liegt die Normannenstraße. Einer, mit dem Ingo sich zuerst anfreundet, ist Frank Lutz, der später den Spitznamen »Schmutz« erhalten und auch Neonazi-Anführer sein wird. Dessen Vater und Mutter sind beide Stasi-Majore. Wenn ein politisches Thema im Unterricht behandelt wird, arbeiten die Eltern zu Hause aus, was das Kind in der Schule vorzutragen hat.

Ingos Stiefvater ist eines derjenigen Mitglieder der SED, die die Politik der Partei nie anzweifeln. Er will die Kinder in diesem Sinne erziehen, das heißt: sie zu vorbildlichen Mitgliedern der sozialistischen Gesellschaft machen und auch von den schädlichen Einflüsterungen des Klassenfeindes im westlichen Fernsehen fernhalten. Er muß aber aus beruflichen Gründen, da er Journalist ist, die unerwünschten Informationen zur Kenntnis nehmen. Deshalb schickt er die Kinder immer in ein anderes Zimmer, wenn er die »Tagesschau« anstellt. Die Kinder dürfen nur die DDR-Nachrichtensendung »Aktuelle Kamera« sehen.

Was für eine Spaltung der Realität schon zu so einem frühen Zeitpunkt in Haßelbachs Leben, denke ich, als er davon erzählt. Und das Schizophrene dieses beinahe täglich sich wiederholenden Vorgangs wird durch die Mutter offensichtlich noch vertieft – wenn auch unbeabsichtigt: Sie sieht das mit dem Fernsehen nicht so »verbissen«. Wenn der Vater einmal später aus der Redaktion heimkommt oder, was nicht selten ist, auf einer Reise in den Westen ist, erlaubt sie auch ARD und ZDF. Sie erklärt den Söhnen, daß vieles von dem, was die Partei über den Westen behauptet, ihrer Ansicht nach übertrieben sei. Sie weiß aber genau, was passieren kann, wenn die Fernseherlebnisse der Kinder oder auch das, was sie da durchblicken läßt, in der Schule ruchbar würden, und sie warnt Ingo. Haßelbach weiß heute, daß er »begeistert von dem war, was die Mutter sagte«. Und er erinnert sich, daß ihm solch Widerspruch gefiel. Er mochte es nicht, wenn jemand ihm vorzuschreiben versuchte, was er tun sollte. Das war eine Eigenschaft, die der Schule schon an Erstkläßlern höchst unwillkommen war, da Widerspruch im allgemeinen nicht erwünscht war. Ein verhängnisvoller Irrtum nicht nur für Haßelbach und seine Biographie ...

Schon in der ersten Klasse legt er sich mit einem Lehrer an. Beim gemeinsamen Mittagessen nimmt er nicht die korrekte Haltung ein: Er schaufelt die Suppe mit dem Löffel in der Faust in sich hinein. Der Lehrer befiehlt ihm streng, doch »ordentlich« zu essen. Ingo aber reagiert trotzig und sagt: »Mach, daß du wegkommst!« und droht dem Lehrer mit der Faust. Eigentlich eine Situation, die auch ihre Komik hat, doch für den Lehrer ist sie so nicht zu verkraften: Ingo erhält einen »strengen Tadel« und wird vor der ganzen Klasse gemaßregelt.

Und dann auch noch eine Prügelei! Ingo schlägt sich mit einem Mädchen. Er weiß nicht mehr, warum, nur,

»daß sie mich lächerlich gemacht hatte«. Er ist schon damals größer und stärker als die meisten in seiner Klasse und kann seine Kräfte nicht einschätzen. Er schlägt zu und bricht dem Mädchen das Nasenbein. Schlimm! Und was tut die Schule? Dieses Mal gibt es einen Tadel vor sämtlichen Schülern, die extra in der Hofpause antreten müssen. Solch widersinnige Reaktionen waren gang und gäbe im Schulalltag der DDR, und sie waren wohl kaum das geeignete Mittel, um Konflikte von Schülern lösen zu helfen. Schon bald, in der dritten und vierten Klasse, erinnert sich Haßelbach, »war ich stets und ständig ›Mode‹«.

Frank Lutz ist sein engster Kumpan. Der hat auch noch Ärger zu Hause: Sein Vater ist gewalttätig und verprügelt ihn zu jeder sich nur bietenden »Gelegenheit«. Ingo hingegen wird von seinem Stiefvater kaum beachtet. Offenbar gibt der seinem Sohn das Gefühl, überflüssig zu sein, weil Ingo nicht sein leibliches Kind ist.

Ingo und Frank beeinflussen sich gegenseitig: Sie dürfen sich als Kinder privilegierter Eltern mehr herausnehmen als andere, sind verhaltensauffällig, reagieren aber auf die »erzieherischen Maßnahmen« nur mit verstärktem Trotz. Die Schulleitung müßte über die schwierigen Schüler, falls sich »negative Vorkommnisse« wiederholten, an übergeordnete Stellen Bericht erstatten. Das aber geschieht offenbar nicht, denn die Lehrer hätten damit zugegeben, daß sie versagt haben – was sich negativ auf die Beurteilung der Schule auswirken würde.

Da der »Scheiß, den wir machten« in der Folge zumeist ungeahndet bleibt, fühlen sich Ingo und Frank nur noch bestärkt in ihrer Einstellung.

Die Jungpioniere treffen sich regelmäßig zu Pioniernachmittagen. Ein Gruppenleiter wird demokratisch gewählt, ein Stellvertreter, ein Kassierer. An jedem dieser Nachmittage behandeln die Pioniere ein anderes Thema. Das suchen die Lehrer aus. Zum Beispiel: »Erich Honecker und der 10. Parteitag«. Oder: »Die DDR und der Sozialismus«. »Alles zum Wohl des Volkes«. Haßelbach: »Noch heute muß ich grinsen, wenn ich daran denke, daß die Nachmittage bei den Jungpionieren ähnlich abliefen wie später die ›Kameradschaftsabende‹ bei den Neonazis. Ich habe mit Frank Lutz häufig darüber gelacht.«

Der Jungpionier Ingo singt, wie alle es tun: »Ich bin stolz, ein Pionier zu sein«, und hebt die Hand zum Gruß: »Seid bereit! Immer bereit«. Er ist ein Wortführer in der Klasse, die Mitschüler mögen ihn, weil er sich gegenüber den Lehrern traut, den Mund aufzumachen. Doch er darf wegen der »negativen Vorkommnisse« nicht zum Vorsitzenden der Pioniere gewählt werden.

Häufig kommen antifaschistische Widerstandskämpfer oder Arbeiterveteranen in die Schule oder zu den Pioniernachmittagen. Die erzählen, wie sie verfolgt wurden und was sie durchlitten haben. Oder die Schulklasse fährt zu Denkmälern für ermordete Antifaschisten. Die Lehrer berichten aus deren Leben, um in den Kindern Vorbilder aufzubauen.

Ingo war von den alten Kämpfern, die in der Schule auftraten, fasziniert. »Die waren ja siebzig oder achtzig und hatten eine Menge erlebt. Die meisten waren sogar inhaftiert worden. Das war wie ein spannender Abenteuerroman für uns.«

Jedes Schulkind, das elf oder zwölf Jahre alt geworden ist, wird zum Thälmann-Pionier ernannt. Das soll eine Auszeichnung sein, obwohl sich niemand dagegen wehren kann. Auch Ingo Haßelbach wird 1979 Thälmann-Pionier: Er trägt wieder ein weißes Hemd, aber jetzt mit rotem Halstuch. Auf dem Ärmel sieht man eine Flamme und ein »T«, wie ein Wappen.

»Das ist wie ›Ich bin stolz, ein Deutscher zu sein‹«, meint Haßelbach heute. Jeder sollte das Gefühl haben, sich die Mitgliedschaft bei den Thälmann-Pionieren verdient zu haben. »Ich wäre das aber niemals geworden, wenn es wirklich danach gegangen wäre.« – Wieder ist es die Furcht der Schule, den übergeordneten Stellen etwas melden zu müssen, was es eigentlich nicht geben durfte...

Die Themen der Pioniernachmittage werden nun etwas komplizierter. Die Pioniere müssen sich mit den Gründen für die »deutsch-sowjetische Freundschaft« beschäftigen oder mit den Aufgaben des Ministeriums für Staatssicherheit. Letzteres fällt natürlich den meisten leicht, weil ihre Eltern sich da auskennen. Die Kinder halten vorbildliche Referate darüber, wie »die Sicherheitsorgane vor dem kapitalistischen Klassenfeind schützen«. Selbstverständlich ist, daß die Schüler die Biographie des Arbeiterführers Ernst Thälmann beinahe auswendig können. Doch bedeutet er ihnen auch etwas? Wohl kaum.

Ingo Haßelbach sieht, daß nicht alles, was in der Schule und bei den Jungen Pionieren gesagt wird, der Wahrheit entspricht, und er fühlt, daß Überzeugungen oft nur Schablone sind. Die Schüler referieren nur das, was erwünscht ist. Obwohl er zu manchem, worüber er nachgedacht hat, eine andere Meinung vertritt oder gern die eine oder andere Frage stellen möchte, darf er das nicht. »Den Eltern wäre vorgeworfen worden, daß sie ihre Kinder nicht richtig erzogen hätten.« Er selbst läßt sich in diesem sensiblen Bereich nichts zuschulden kommen, weil seine Mutter ihn immer wieder warnt. Aber einer der Klassenkameraden erdreistet sich zu fragen, er hätte gehört, im Westen sei es doch nicht so schlimm, wie immer behauptet würde. Mit der Arbeitslosigkeit und der Ausbeutung und so ... Es gibt einen riesengroßen Skandal. Die Schule stellt einen Ausschuß zusammen, der die Angelegenheit untersucht und die Eltern vorlädt. Man fragt sie, ob sie ihrem Kind etwa Westfernsehen erlaubt hätten!

Die Schule, die Ingo Haßelbach besucht, ist nach einer kommunistischen Widerstandskämpferin gegen das Naziregime benannt: Hilde Coppi. Das Besondere ihrer Geschichte war in der DDR vielen Schülern bekannt. Sie erwartete ein Kind, als sie von den Nazis verhaftet wurde. Sie durfte noch ihren Sohn zur Welt bringen, dann wurde sie »im Namen des Volkes« hingerichtet.

Dieser Sohn besucht einmal die Schule, die den Namen seiner Mutter trägt. Ingo ist sehr beeindruckt von dem, was er über Hilde Coppi erfährt – doch über die Nazi-Zeit im allgemeinen will er im Unterricht nicht viel erfahren haben, nur daß Widerstandskämpfer »stark gelitten« hätten. »Es kam aber nicht rüber, wogegen die eigentlich kämpften.«

Der Faschismus wird den Schülern als ein Kapitel der deutschen Geschichte dargestellt, das für die DDR abgeschlossen sei, da hier die Wurzeln der Nazi-Ideologie ausgerottet seien. Eine der Thesen ist, ein Teil der Großindustriellen habe Hitler bezahlt, die Nazis seien ihre Erfüllungsgehilfen gewesen. Der Alltag im Faschismus aber kommt im Unterricht nicht vor.

Deshalb spitzen einige der aufmüpfigen Jugendlichen die Ohren, wenn ihre Großeltern, die die Nazi-Zeit miterlebt haben, davon erzählen, »wie es damals wirklich war«, und oft sind das Dinge, die der offiziellen Darstellung widersprechen. Und noch etwas ist

Haßelbach in diesem Zusammenhang in Erinnerung geblieben: Der Großvater seines Klassenkameraden Heiko Baumert, der später zur »Mannschaft« Haßelbachs gehören wird, behauptete, »mit den Juden« habe es »immer schon Probleme gegeben«. Was mögen das für Probleme gewesen sein?

1980 ist Ingo dreizehn.

Trotz aller Versuche, die Jugendlichen dem Einfluß westlicher Medien, westlicher Musik und Modetrends zu entziehen – in den Großstädten der DDR tauchen die ersten Punks auf. Auch in Ostberlin. Auf einen Jungen wie Ingo Haßelbach wirken die Markenzeichen dieser Unangepaßten, die sich den allgemein üblichen Normen des sozialistischen Zusammenlebens offensichtlich entzogen haben, wie ein Magnet.

Ingo trägt nun Ohrringe, legt in der Schule die Füße provokativ auf den Tisch und liest West-Comics. Die hat er von Diplomatenkindern bekommen, von denen viele in seiner Gegend wohnen. Sie bringen auch Zeitungen und Musikkassetten aus dem Westen mit, die von einem zum anderen weitergereicht werden. »Keine Macht für niemand« ist genau die Parole, die zu seinem Lebensgefühl paßt. Keiner soll ihm sagen, was er tun muß, weder die Eltern noch die Lehrer, noch sonst jemand. Seine Mutter erzählt später, sie hätte in dieser Zeit schon ihren Einfluß auf Ingo verloren. Er sei des Nachts weggeblieben, ohne daß sie wußte, wo er war und was er anstellte.

Ingo begeistert sich für Bands wie die »Sex Pistols« und schreibt sich die Texte der Songs aus der »Bravo« ab, die unter den Jugendlichen kursiert. Seine Schulhefte verziert er mit den Namen der Musikgruppen. Die Lehrer lesen mißbilligend: »Einstürzende Neubauten«, »Fehlfarben«, »Ton, Steine, Scherben«. Oder den Text der DDR-Band »Abwärts«:

»Mittwochs ist der Krieg sehr kalt.
Breschnew lauert in der Badeanstalt.
Donnerstag, du weißt es schon,
tausend Agenten in der Kanalisation.
Freitag gehört der Mafia.
Die Ravioli komm'n aus Florida.
Samstags in der Irrenanstalt.
Der KGB im deutschen Wald.
Sonntag, da ist alles tot.
Im Golf von Mallorca
der Weltkrieg droht.
Stalingrad Stalingrad –
Deutschland Katastrophenstaat.«

Wer sich nicht anpaßt, wird beobachtet, registriert, diszipliniert. Die Realität ist weder angenehm, noch gibt es rosige Aussichten. Wer sein Leben anders leben will, muß sich in eine Nische zurückziehen.

Solche Lieder entsprechen nicht dem optimistischen Lebensgefühl, das unter den Jugendlichen im realen Sozialismus nach Ansicht der Partei und der FDJ herrschen sollte.

Auch Ingo versucht, sich der ständigen Bevormundung zu entziehen. Zunächst schwänzt er die Schule, dann fängt er an zu »schnüffeln«, atmet die Dämpfe von Farben und Lacken ein und ist manchmal so »zugedröhnt«, daß er nicht mehr weiß, was vorn und hinten ist. Er tut damit etwas, das von der Schule und den »Sicherheitsorganen« beständig kriminalisiert wird. Auch macht er weder Hausaufgaben noch erscheint er regelmäßig in der Schule. Und er findet »Gleichgesinnte«.

Bald wird Ingo an einer U-Bahn-Station aufgegriffen, als er und einige seiner Freunde in angetrunkenem Zustand ein paar Mülleimer durch die Gegend poltern lassen. Die Polizei macht daraus den Vorwurf der »Sachbeschädigung«, der dazu führt, daß die Staatssicherheit sich für den Fall interessiert. Die legt eine Akte an, kurz nach dem dreizehnten Geburtstag Ingos.

Ab jetzt ist er ein »potentieller Störer des sozialistischen Zusammenlebens«.

Und Ingo macht nun auch das, was von ihm »erwartet« wird. Es ist wie ein Sog; er probiert alles aus, womit er »die Spießer« provozieren kann – und was ihn, er spürt es unbewußt, noch weiter ins Aus befördert. Er sprüht das Anarchiezeichen auf seine Hose, weil er weiß, daß das etwas Verpöntes ist, was an »den Westen« erinnert. Er färbt sich die Haare halb blond, halb schwarz: Allein durch sein Äußeres verursacht er damit »eine Störung der öffentlichen Ordnung und Sicherheit«. So formuliert das die Volkspolizei, die die Punks mit schöner Regelmäßigkeit mit Geldstrafen belegt. In der Hauptstadt und bei Kindern aus privilegierten Elternhäusern wie Ingo halten sich die Beamten noch zurück, während die Punks in der Provinz ständig Repressalien zu befürchten haben.

Einer der Kumpane aus seiner Truppe der »Gleichgesinnten«, Henry Jahn, legt sich einen Irokesenschnitt zu und erhält prompt den Spitznamen »Skinny«. Er wird »abgegriffen« von der Polizei, die ihm zwangsweise die Haare schneidet. Das wirkt abschreckend. Ingo hält seine ungewöhnliche Frisur nicht lange durch.

Dann trifft er auf eine Gruppe »Hippies«, wie sie genannt werden: die meisten zehn Jahre älter als er, weit über zwanzig, die sich als oppositionell zur DDR-Gesellschaft verstehen ... Sie verweigern sich den geforderten Ritualen, den öffentlichen Aufmärschen, den Partei- und FDJ-Veranstaltungen, den offiziellen

Kultur- und Musikveranstaltungen. Sie »machen nicht mit«, haben ihre eigenen Werte und träumen von einem besseren Leben, von einer anderen, freieren Gesellschaft, in der auch Außenseiter ihren Platz haben können.

Ingo ist zu jung, um sich darüber groß Gedanken zu machen. Er hängt sich einfach an. Zu Hause ist er nur noch, wenn er einen Schlafplatz braucht.

Mit seinem übergroßen Parka ist er das Nesthäkchen in der Gruppe. Alle finden es lustig, daß sie einen »Kleinen« dabeihaben. Die »Hippies« lassen ihn überall mitlaufen und passen auf, daß er nicht zuviel Alkohol trinkt. Sein »Lieblingsfreund«, der sieben oder acht Jahre älter ist als er, sieht aus wie der Sänger Neill Young. Ingo hört sich stundenlang dessen melancholische Lieder an.

Der Abschnittsbevollmächtige der Volkspolizei – zuständig für einen begrenzten Bereich im Wohnbezirk – greift den jugendlichen »Störer« ein paarmal auf und hält in dessen Schule einen Vortrag darüber, welch ein Rowdy der Haßelbach doch sei. Die Lehrer sagen, Ingo habe einen negativen Einfluß auf den Klassenverband. Den interessiert das nicht.

Zusammen mit Henry Jahn stiehlt er häufig Alkohol in der Kaufhalle ihres Wohngebiets, oft mehrere Flaschen an einem Tag. Einmal trinken sie sofort eine davon aus und setzen sich in die S-Bahn Richtung Alexanderplatz. Mitten auf dem Alex legen sie sich auf eine Bank und schlafen ihren Rausch aus. Als sie aufwachen, sehen sie sich »von Scharen von Volkspolizisten« umgeben, die sie »zur Klärung eines Sachverhalts der nächsten Polizeiwache zuführen«. Am Abend müssen die Eltern ihre Kinder von dort holen.

Ingos Mutter weiß nicht mehr, was sie noch tun könnte. Der Stiefvater meint, jetzt müsse er handeln.

Er versucht mit Lederkoppel und Kleiderbügel die richtige Weltanschauung in seinen Stiefsohn hineinzuprügeln. Er versteht nicht, warum Ingo seine Privilegien, die er haben könnte, einfach wegwirft, warum er mit Leuten verkehrt, die sich verweigern. Warum es zu diesem Konflikt gekommen ist, darüber macht sich niemand Gedanken.

Ingo erlebt, daß Probleme mit Gewalt gelöst werden, mit Zwang: Wer die Macht hat, seine Zwänge durchzusetzen – wie sein Stiefvater, die Volkspolizei, die Lehrer –, tut das und wird von der Gesellschaft noch darin bestärkt. Sein Freund Skinny erlebt das genauso, ja noch viel schlimmer. Er wird seit langem von seinem Vater geschlagen.

Eine Wirkung bleibt aus, auch bei Haßelbach. »Ich wurde nur noch sturer«, erinnert er sich. »Ich habe meinem Vater irgendwann klargemacht, daß er das nicht zu oft machen sollte, schließlich war er nicht mein richtiger.«

In der achten Klasse soll Ingo in die »Freie Deutsche Jugend«. Doch daraus wird nichts. Die Jugendorganisation legt keinen Wert darauf, daß der »potentielle Störer« ihr Mitglied wird. Auch Ingo hat dazu keine Lust. Weil er sich nicht bessert, wird er sogar – ein höchst seltener Akt in der DDR – von der Schule verwiesen. Die Lehrer sehen keine Chance mehr, ihn zu einem ordentlichen Mitglied der Gesellschaft zu erziehen.

Fortan lebt Ingo mit einer »Jetzt erst recht«-Haltung. Er klaut »wie ein Irrer« Bier und Schnaps und ist immer häufiger betrunken. Seine Clique macht Lichtenberg unsicher. Man besorgt sich Sprühdosen und versieht die Häuserwände am Strausberger Platz mit Anarchiezeichen und – zum ersten Mal – mit Hakenkreuzen. Das provoziert noch mehr als Punk.

Henry Jahn – zehn Jahre später und »geschmückt« als aktiver »Kämpfer« in der Neonazi-Szene

Zunächst reagieren Polizei und Staatssicherheit nicht. Deshalb glauben Ingo, Skinny und die anderen, immer dreister werden zu können. »Wir sprühten am hellichten Tag, direkt in unserem Wohngebiet. Siebzig Prozent dort waren bei der Stasi. Die hingen alle aus den Fenstern.« Zum krönenden Abschluß klettert er mit Skinny auf einen Schornstein und sprüht das Anarcho-»A«. »Als wir runterguckten, stand da schon alles voller Volkspolizei. Wir sind gleich, ohne ein Wort zu sagen, in den Polizeiwagen gestiegen.«

Ingo und Skinny sind sich aber über den Ernst der Lage nicht im klaren. Auf der Wache amüsieren sie sich köstlich. Die Polizei trägt die Ermittlungsergebnisse aus ganz Berlin zusammen, eine Menge Fotos von Sprühaktionen, und legt diese den Verhafteten vor, auch Fotos mit Hakenkreuzen. »Wir haben noch Blödsinn gemacht«, erinnert sich Haßelbach, »und alles zugegeben. Die Ermittler sagten ›prima‹ und haben mir anschließend sogar die Sprühflasche zurückgegeben.« Die Beamten hätten »richtig provoziert, daß wir weitermachten«. Keine Bestrafung also.

Warum die Polizei sich so verhält, weiß er damals nicht. Wahrscheinlich, so könnte man annehmen, vermuten die Beamten, es gebe Hintermänner, die die Jugendlichen angestiftet hätten, und wollen erst einmal weiterbeobachten. Es kann auch sein, daß man zunächst unter den Teppich kehren will, daß Kinder aus guten sozialistischen Elternhäusern Hakenkreuze sprühen. Wenn das öffentlich gemacht würde, wäre das Echo verheerend. Faschistische Ideen können nur aus dem Westen kommen ...

Das Ermittlungsverfahren ist dennoch verhängnisvoll für Ingo und Skinny, doch nicht etwa wegen ihrer Hakenkreuzschmierereien. Einer aus ihrer Gang ist ebenfalls verhaftet worden und packt aus. Er gibt zu, daß alle Alkohol im Wert von mindestens 3000 Mark gestohlen hätten. Der Kaufhalle war ein entsprechend hohes Defizit schon aufgefallen. Jetzt ist man froh, daß die Täter gefaßt sind. Skinny wird wieder verhaftet und muß ins Gefängnis. Ingo ist noch nicht volljährig und somit ein Fall für den »Jugendwerkhof«, eine Art Arbeitshaus für schwererziehbare und sozial auffällige Jugendliche.

Das ist für Haßelbach eine Horrorvision. Es hieße, nicht mehr in Berlin sein zu dürfen, nur noch Disziplin, Sauberkeit, Ordnung. Auch die Mutter bekommt »einen Nervenzusammenbruch«. In ihrer Verzweiflung, den Sohn ganz zu verlieren, setzt sie sich mit dessen leiblichem Vater in Verbindung. Der ist Intendant des Senders »Stimme der DDR« und hatte bisher keinen Kontakt zu seinem Sohn: nicht, weil uneheliche Kinder – wie Ingo – zu haben verpönt gewesen wäre, sondern weil sein Verhältnis zur Mutter Begegnungen mit Ingo nicht zuließen.

Die Jugendhilfe, die sich des Falles angenommen hat, stellt fest, daß sich der Stiefvater zu wenig um Ingo gekümmert hat. Der gibt zu, daß er seinen Stiefsohn vernachlässigt habe, auch, weil er mit Ingos Mutter mittlerweile selbst zwei Kinder hat, einen Sohn, Jens, und eine Tochter.

»Ich bin nur so nebenbei rumgerannt«, schildert mir Haßelbach das Verhältnis zum Stiefvater. Nach der Geburt des Halbbruders habe es immer mehr Ärger gegeben, weil der ihm von seinem Stiefvater vorgezogen wurde. Als seine Schwester Jana zur Welt kam, habe sich das noch verstärkt. Der jüngere Bruder Jens war »völlig normal« und fiel nicht unangenehm auf ...

Die Jugendhilfe hält auch die sporadischen »Erziehungsmaßnahmen«, worunter der Stiefvater fast ausschließlich Prügel verstand, für »völlig überzogen«.

Nach langem Hin und Her bekommt Ingo Haßelbach ein Jahr Bewährung aufgebrummt. Dazu ein Aufenthaltsverbot für den Stadtbezirk Lichtenberg – er muß zu seinem leiblichen Vater ziehen, um dem Jugendwerkhof zu entkommen. Der »neue« Vater ist, ähnlich wie der »vorherige«, ein überzeugter Kommunist. Er hat in den 50er Jahren in der Bundesrepublik, wo seine Partei, die KPD, verboten war, im Gefängnis gesessen und ist 1964 in die DDR ausgewiesen worden.

Ingo gerät vom Regen in die Traufe. »Es war die Hölle«, erinnert er sich.

Der Vater versucht nachzuholen, was seiner Meinung nach in den letzten Jahren versäumt worden ist. Er besteht auf Zucht und Ordnung und ist überzeugt, daß er die richtigen Maßnahmen im Sinne seiner sozialistischen Überzeugung ergreift.

Ingo ist es seit seinem »freien« Leben mit denPunks gewohnt, zu Hause zu erscheinen, wann er es für richtig hält. Damit ist jetzt Schluß. Jetzt gibt es festgesetzte Zeiten, zu denen er das Haus nicht mehr verlassen darf. Der Sohn braucht lange, bis er das akzeptiert. Auch sein Freizeitverhalten muß sich ändern. Er hört gern RIAS. Als sein Vater einmal unvermittelt das Zimmer betritt und die Westklänge ihm entgegenschallen, »ist er fast tot umgefallen«. Er sagt, Ingo solle doch häufiger »Stimme der DDR« einschalten, da könne er auch ihm oft zuhören. – Was für ein Vorschlag: Rockmusik gegen die politisierenden Funkmonologe des Vaters!

Da eine höhere Schulbildung wegen der Vorgeschichte nicht in Frage kommt, setzt der Vater durch, daß Ingo eine Lehre als Maurer macht. Immerhin ist das eine richtige Ausbildung. Ingo hat nach langer Zeit wieder einen geregelten Tagesablauf, den er einhalten muß, doch es bleibt ihm auch nichts anderes übrig. So testet er die Grenzen aus, bis zu denen er gehen kann, und er färbt sich wieder die Haare, was ihn von den »Stinos« absetzt, den »Stinknormalen«, den Menschen, die täglich arbeiten gehen, die »auf einen Trabi sparen«, vielleicht auch für eine Datsche, ein Wochenendhäuschen im Grünen, die sich um weiter nichts kümmern als um sich selbst …

Der Vater hat am eigenen Leib erfahren, daß das kapitalistische System mit seinen Gegnern, den Kommunisten, nicht zimperlich umsprang, sondern sie einsperrte. Deshalb kann er nicht verstehen, daß sein

Sohn sich für den Westen interessiert, die Musik hört, die von dort kommt, oder sich ebenso kleidet und frisiert, wie es die Punks im Westen vormachen. Diskussionen darüber führen zu ständigem Streit. Der Vater murrt über das ungewöhnliche Äußere seines Sohns, kann es aber offenbar gerade noch ertragen.

Ingo fühlt sich als »total linksradikal«. »Keine Macht für niemand« ist seine Devise. Er vermeidet in diesem Jahr aber die Kontakte zu seinen früheren Freunden.

»Im nachhinein«, gibt er zu, »bin ich trotzdem ganz froh, daß mein Vater Druck ausgeübt hat, daß ich wenigstens die Lehre beendet habe.«

Politische Diskussionen jedoch fruchten nichts. Zu weit sind die Erfahrungen beider voneinander entfernt.

Über die Nazi-Zeit erzählt auch der Vater nichts anderes als das, was Ingo in der Schule gehört hat. »Also nichts Großartiges, was ich als bedeutungsvoll angesehen hätte«, was ihn über das Leben unter Hitler aufgeklärt hätte. Für den Vater besteht antifaschistische Erziehung darin, auf die Schrecken des Krieges hinzuweisen, auf die unvermeidbare Niederlage Hitler-Deutschlands, auf die Millionen von Toten. Das mag ja alles richtig und wahr sein, denkt Ingo, aber niemand redet zum Beispiel mit ihm darüber, woran es lag, daß die Mehrheit der Deutschen Hitler und die Nazis unterstützte.

Vor allem kann Ingo aber nicht verstehen, daß sein Vater ihm den Umgang mit der Mutter verbietet. Er behauptet, die hätte »Erziehungsfehler« begangen. Ingo merkt bald, daß die Gründe anderswo liegen. »Ich würde eher sagen, daß es Eifersucht war. Er wollte mich für sich allein haben.« Doch Ingo setzt sich durch und besucht trotz des Verbots hin und wieder seine Mutter. Das paßt dem Vater nicht, aber er kann

Ingo nicht ständig kontrollieren. Nachdem das Jahr »Bewährung« vorüber ist, wirft er seinen Sohn hinaus, ein Eingeständnis, daß auch er mit der vorgeblich besseren Erziehung keinen Erfolg hatte. Ingo wohnt ab jetzt in der Wohnung seiner Schwester, in Berlin-Schöneweide.

Gleich am ersten Tag zieht er los und stellt den Kontakt »zu den alten Truppenteilen« wieder her. Er macht, nachdem er die Lehre beendet hat, eine Art Praktikum im Baugewerbe und hat Geld, um am Wochenende »einen draufzumachen«. Die Arbeit macht Spaß, aber das reicht ihm nicht.

Im Dezember 1985 wird er wieder verhaftet. Er und seine Freunde sind in einer Punk-Diskothek, im »Riviera«, und haben »einige Flaschen Klaren niedergemacht«. Um den Rausch auch richtig wirken lassen zu können, schluckt Ingo zusätzlich das starke Schmerzmittel »Fortral«. Erst am nächsten Morgen wacht er in einer Zelle wieder auf und erfährt, daß er sich erneut des »Rowdytums« schuldig gemacht habe. Offenbar »zerlegten« die Betrunkenen die ganze Kneipe. Drei Tage wird er in einem düsteren Keller in Köpenick festgehalten. Der Haftrichter hält ihm zugute, daß er eine Arbeitsstelle hat und im Kollektiv angesehen und beliebt ist. Deswegen sieht er von einer Freiheitsstrafe ab. Eine Geldstrafe von fast 2000 Mark wird fällig.

Haßelbach lernt in dieser Zeit die Leute kennen, mit denen er später die militante rechte Szene in Berlin aufbaut.

Die meisten von ihnen waren oder sind keine Punks, sondern versuchen auf andere Weise, sich von den »Stinknormalen« abzusetzen. André Riechert, der später zum harten Kern der Lichtenberger Neonazi-Szene gehören wird, läuft wie ein Popper herum, er hat »so

André Riechert, der spätere Pressesprecher der rechtsextremen Partei »Nationale Alternative« in Ostberlin

einen Haarschwenker im Gesicht«. Auch dessen Vater ist, wie der vom Schulfreund Frank Lutz, Major bei der Staatssicherheit und dort – paradox – für Rechtsextremismus zuständig. Dazu kommen der unauffällige Tilo Hähnert und Alexander Dietze, der als einziger neben Ingo Haßelbach noch »auf Punk steht«. Natürlich ist auch Frank Lutz dabei, der sich zu dieser Zeit zu den

»Heavys« zählt, aber wenig später zu den Glatzköpfen überwechselt.

Diese jungen Männer geben sich anders als die »Hippies«. Ihnen ist weniger an einer intellektuellen Auseinandersetzung mit der Gesellschaft gelegen und auch nicht am Rückzug, sondern an Konfrontation.

Die Keimzellen der rechten Subkultur in der DDR bestehen zu einem Drittel aus Arbeitern oder Lehrlingen. Sie setzen dem »realen« Sozialismus keine Utopie einer besseren Gesellschaft entgegen, sondern suchen den Zusammenstoß mit der Staatsmacht. Ähnlich die Skinheads, das zweite Drittel: Sie hören die gleiche Musik wie die Punks, sind aber mehr auf Prügeleien aus. Ihr Prestige besteht darin, daß die Leute vor ihnen Angst haben und ihnen aus dem Weg gehen. Jeder Fußballklub in der DDR hat seine »Glatzen«, die besonders gefürchtet sind. Das letzte Drittel, zu dem Ingo Haßelbach zählt, sind Kinder der sozialistischen Elite, die sich häufig ihre Privilegien durch Fehlverhalten als »Rowdys« verscherzt haben.

Es kracht vor allem beim Fußball. Schon zu dieser Zeit gibt es eine starke Hooliganszene, gerade in Berlin. Beim BFC Dynamo Berlin, dem Lieblingsclub des Stasichefs Erich Mielke, treffen sich die Fußballrowdys und provozieren mit Hitlergruß und Nazi-Liedern von der Tribüne. Die Polizei ist völlig hilflos und geht Auseinandersetzungen in der sogenannten »dritten Halbzeit«, den Stunden nach dem Spiel, aus dem Weg. »Die hatten auch nicht die richtige Ausrüstung«, meint Haßelbach, der häufig mitmischt, »nur Knebelketten und Handschellen.« Keine Provokation wird ausgelassen. »Wir haben es so weit getrieben, bis es geknallt hat.«

Im September lernt Haßelbach Sabine kennen, die er schon ein paar Monate später heiratet. Er will wissen, wie das ist: verheiratet sein, meint aber heute, er sei damals zu jung und »unreif« gewesen. Die Ehe ist vor allem deshalb interessant, weil es einen zinsgünstigen Kredit gibt und eine Wohnung. Junge Ehen werden in der DDR bei der Vergabe von Wohnraum bevorzugt behandelt. Ingo macht »ein halbes Jahr gar nichts« mit seinen alten Freunden, bis der Reiz des Ehelebens vorbei ist.

Er erinnert sich nicht gern an Sabine, als wäre die Zeit mit ihr ein Fehler gewesen. Seine Heirat war für sein späteres Leben nicht wichtig. Er suchte offenbar einen ruhenden Pol damals, ein Stück Sicherheit, merkte aber schnell, daß ihm der häusliche Friede nicht reichte. Er zog lieber mit seinen Freunden »um die Häuser«.

Sabine beschwert sich über die Leute, die er mit in die Wohnung bringt. Sie meint, das wäre der falsche Umgang für ihn. Diese Szene ist ihr suspekt. Es sind sogar Kriminelle dabei. Sie warnt ihn besonders vor Henry »Skinny« Jahn. Der werde ihn irgendwann ins Gefängnis bringen. Damit wird sie recht behalten.

Immer mehr seiner Freunde driften nach rechts ab, auch Frank Lutz und der unscheinbare Tilo Hähnert. »Rechts« zu sein heißt: sich von den »schmutzigen« Punks abzusetzen, sich nichts gefallen zu lassen und sich »für die Sache«, was auch immer das sei, zu begeistern. Einige haben schon zu dieser Zeit, lange vor der Wende in der DDR, Kontakte zur rechten Szene in Westberlin, vor allem zu den dortigen Hooligans.

Tilo Hähnert sieht sich jede Wochenschau aus der Nazi-Zeit an, die im Fernsehen zu sehen ist, und nimmt Dutzende davon auf. Er weiß – ähnlich wie Haßelbach – wenig über den Faschismus, versteht aber – wie kann es anders sein – etwas ganz anderes darunter als die Lehrer oder gar die FDJ. Ihn faszinieren die begeisterten Massen, die in den alten Filmen gezeigt werden. Angeblich, wenn er der Propaganda der SED glauben sollte, gäbe es diese Begeisterung auch im Sozialismus. Aber jeder weiß, daß das eine Lüge ist. Kameradschaft, Disziplin, Zusammenhalt sind Begriffe, mit denen Tilo Hähnert sich identifizieren kann. Er meint, davon wäre in der DDR nichts verwirklicht worden, wohl aber unter den Nazis und dort vor allem in der SA. Hähnert glaubt, und darin ist er sich mit vielen einig, die Situation der SA Hitlers sei ähnlich gewesen wie die ihre: gegen die politischen Feinde auf der Straße und in den Sälen zu kämpfen, gegen den verhaßten Staat zu sein, eine neue, sozial gerechte Ordnung zu wollen und das alles zu erreichen durch unbedingten Zusammenhalt der Truppe. Die Morde und terroristischen Gewaltakte gegen politische Gegner, die auf das Konto der SA in den zwanziger und dreißiger Jahren gingen, nimmt er nicht zur Kenntnis.

Zusammen sehen sich die jungen Männer alle erreichbaren Kriegsfilme an, die in der DDR gesendet werden, obwohl dort immer die Russen gewinnen. »Wir fanden vor allem gut«, sagt Haßelbach, »daß da viel rumgeballert wurde.« Und der Idealismus: »daß die sich so verausgabten und genau wußten, wofür sie kämpften und sich dafür voll einsetzten«.

So weit wie Hähnert in seiner Begeisterung für die SA und die Nazis will Ingo Haßelbach nicht gehen. Er versteht sich nicht als »rechts«. Noch nicht. Das einzige, was er und Freund Skinny sich in dieser Hinsicht erlauben, sind Franz-Josef-Strauß-Buttons auf der Jacke, die sie illegal – über Freunde – aus dem Westen bekommen haben. Damit fallen sie auf, das erzeugt genau die Reaktion der Ordnungshüter, die sie erwarten und provozieren wollen. Haßelbach hört gern

Musik, die »völlig neu« und in der DDR verpönt ist, die »Böhsen Onkelz« zum Beispiel.

Mit der Berliner oppositionellen Szene, die sich in dieser Zeit im Stadtbezirk Prenzlauer Berg etabliert, hat er nichts im Sinn. Deren Forderungen nach mehr Demokratie lehnt er nicht ab, aber ihn stört, daß sie jeglicher Gewalt aus dem Weg gehen. »Das waren für mich so Ökotypen, die allen Auseinandersetzungen auswichen.«

Ich frage Haßelbach, wieso er damals Gewalt bejahte, schließlich kommt er aus einem Elternhaus, in dem Gewalt, bis auf Ausnahmen, nicht die gewohnte Art der Auseinandersetzung war. Ich erhalte zur Antwort, daß er Gewalt gegen den politischen Gegner für gerechtfertigt hielt. Und: Nur mit Gewalt meinte er überhaupt noch etwas erreichen zu können, nur so konnte er auf sich aufmerksam machen, sich ein Prestige in einer »Szene« verschaffen. Vielleicht spielte auch ein eher privater Grund eine Rolle: Viele junge Frauen standen auf »ultraharte Typen«, die »haben es geil gefunden, mit einem Kerl zusammenzusein, der ständig mit einem Bein im Knast war ...«.

Mitte der 80er Jahre begann es in der DDR zu »gären«. Immer mehr machte sich Unzufriedenheit breit über die politischen und wirtschaftlichen Verhältnisse, immer stärker wurde der Druck »von oben«, immer nervöser reagierten die »Sicherheitskräfte« auf »Verletzungen der öffentlichen Ordnung«, immer aufmüpfiger artikulierte sich der Protest.

Während eines Konzerts von David Bowie auf der anderen Seite der Mauer, am Reichstag, versammelten sich Hunderte von Jugendlichen Unter den Linden, um von weitem zuhören zu können. Polizei und Staatssicherheit gingen brutal gegen die Menge vor, sogar mit Elektroschockgeräten. Ingo Haßelbach ist dabei und bekommt seinen Teil ab. »Auch durch solche Ereignisse habe ich mich immer mehr in die rechte Richtung drängen lassen«, sagt er. Jene Leute, die er kennt und die sich als Opposition verstehen, hält er für fähiger, etwas durchzusetzen, etwas zu verändern, als die, die immer nur »keine Gewalt« rufen.

Im März 1987 ist er mit Henry »Skinny« Jahn auf einem Fest im Stadtpark Lichtenberg, das der deutsch-sowjetischen Freundschaft gilt. Die Freundschaft wird mit Folklore und mit viel Alkohol gefeiert. Ingo Haßelbach kann nicht an sich halten – er ist auch schon wieder reichlich angetrunken – und ruft laut: »Die Mauer muß weg!« Sofort stürzen sich mehrere Zivilbeamte von der überall präsenten Firma »Horch, Guck und Greif« auf ihn. Haßelbach wehrt sich gegen die Sicherheitskräfte. Die aber überwältigen ihn und führen ihn ab. Der Staatsanwalt hat bei der Verhandlung natürlich auch die früheren Akten vorliegen und meint, Haßelbach sei »eine Distel im sozialistischen Rosengarten«.

Der Delinquent kann sich ein Grinsen ob dieses lächerlichen Vergleichs nicht erwehren. Schließlich das Urteil: sechs Monate Haft ohne Bewährung.

Zuerst sitzt Haßelbach in der Berliner Keibelstraße ein, dann kommt er nach Rummelsburg. Die Gefängnisse in der DDR waren häufig uralte, feuchte Gemäuer, die Ratten und anderes Ungeziefer anzogen. Seine Zellennachbarn sind ein Mörder, der seine Frau zerstückelt hat, und ein Sexualstraftäter. Die Atmosphäre ist dementsprechend.

Eine ganz besondere Art des Umgangs mit Gefangenen lernt er kennen, als er nach Bitterfeld verlegt wird. Die Gefangenen müssen im »Otto-Grotewohl-Expreß« fahren. Das ist ein Zug mit mehreren Waggons, mit vergitterten Fenstern und winzig kleinen abschließbaren Zellen, die für jeweils vier Mann gedacht sind. Wenn der Zug in einen Bahnhof einfährt, müssen die Angestellten der Reichsbahn die Jalousien an den Fenstern der Waggons herunterziehen, damit niemand sieht, wer da wie transportiert wird. Früher hing in jedem Waggon ein Bild des ehemaligen DDR-Ministerpräsidenten Otto Grotewohl. Daher der Name, den jeder kennt, der einmal auf diese Weise »gereist« ist.

Vor dem Transport müssen alle in Reih und Glied antreten, die sich in ihren Zellen verbotenerweise tätowiert oder eine Glatze geschnitten hatten. Auch Ingo hat das getan, aber nur, weil ihm sein Aussehen im Gefängnis ohnehin egal war. Jeder bekommt eine Tracht Prügel vom Wachpersonal, damit die Gefangenen wissen: Wer während der Fahrt aufmuckt, kann sich auf etwas gefaßt machen. Der Tee wird in einer riesigen Kanne serviert. »Was nicht ausgetrunken wurde«, erinnert sich Haßelbach, »kam wieder zurück in die Kanne. Die letzten kriegten nur noch stinkige Brühe.«

Die Waggons stehen auf jedem Bahnhof Stunde um Stunde herum. Die Reichsbahn ist für notorische Verspätungen bekannt, und ein Gefangenentransport kommt zu allerletzt an die Reihe. Werden sie umgeladen auf Pkws, wird vor die Tür des Waggons ein Laufgitter gestellt, wie bei den wilden Tieren im Zirkus, damit niemand entwischen kann.

Haßelbach hat während des Aufenthalts in den verschiedenen Gefängnissen nur eines gelernt: Dieses System muß mit allen Mitteln bekämpft werden. Von nun an wird er gegenüber allem, was nur irgendwie nach »links« aussieht, einen starken Haß empfinden. Und noch eine Erfahrung macht er: Er darf und kann niemandem trauen und ist im Zweifelsfall auf sich allein gestellt. Die anderen, die Mitgefangenen, die Vertreter des Staates und der Justiz sind skrupellos und nutzen ihre Macht aus. Also wird er auch so handeln müssen. Er fühlt sich als Wolf unter Wölfen. Jeder ist gegen jeden, trotzdem müssen er und seine Freunde gegen die Feinde zusammenhalten und das auch zeigen.

Er schließt sich mit anderen Gefangenen zusammen, die ähnliche Erfahrungen gemacht haben. Jetzt tätowieren sie sich erst recht gegenseitig mit Hakenkreuzen und anderen Symbolen der Skinheadszene, obwohl das strikt verboten ist.

Und noch etwas nimmt er aus dem Knast mit: Er hat unbeschreibliche Angst, noch einmal dorthin zu müssen. Er schwört sich, in Zukunft extrem aufzupassen.

Am Ende seiner Haftzeit landet Haßelbach im Rüdersdorfer Zementwerk und füllt Zementsäcke ab, eine Aufgabe, die besonders gern den »Politischen« zugewiesen wird. Dort trifft er einen alten Bekannten, seinen Freund aus der Hippieszene wieder, der wegen Devisenvergehens (er hat mit Westgeld gehandelt) einsitzt und ihm sagt: »Ich habe schon immer prophezeit, daß du im Knast landest.«

3

Der Herbst 1987 und die darauffolgenden Ereignisse werden im Leben des Ingo Haßelbach entscheidend sein. Am 17. Oktober versammeln sich rund 80 Skinheads und Hooligans in der Kneipe »Sputnik« im Stadtbezirk Prenzlauer Berg. In der Nähe, in der Zionskirche, findet ein gemeinsames Konzert der Westband »Element of Crime« und der Ostband »Firma« statt. Die rund 400 Besucher sind vor allem Punks und andere oppositionelle Jugendliche. Die rechten Jugendlichen, darunter auch fünf oder sechs Westberliner, ziehen los. Einige von ihnen haben abgebrochene Bierflaschen, Fahrradketten und Knüppel dabei. Schon an der belebten Straßenbahnhaltestelle an der Kastanienallee, Ecke Schönhauser, fliegen die Fäuste gegen einige Passanten. Als die Rechtsradikalen die ersten Punks vor der Kirche sehen, brüllen sie »Judenschweine« und »Sieg Heil«.

Innerhalb weniger Minuten entwickelt sich eine Massenschlägerei, bei der die Punks den kürzeren ziehen. Einige der Skinheads stürmen sogar bis in die Kirche und prügeln auf die Teilnehmer der Veranstaltung ein. Es gibt mehrere Schwerverletzte. Als ein zweiter Trupp von Skins, der etwas später vom »Sputnik« aus losgezogen war, eintrifft, liegen überall vor dem Gebäude blutende Menschen. Die Volkspolizei – die im allgemeinen sich als Freund und Helfer darstellende Ordnungsmacht – hat sich merkwürdigerweise im Hintergrund gehalten und nicht eingegriffen.

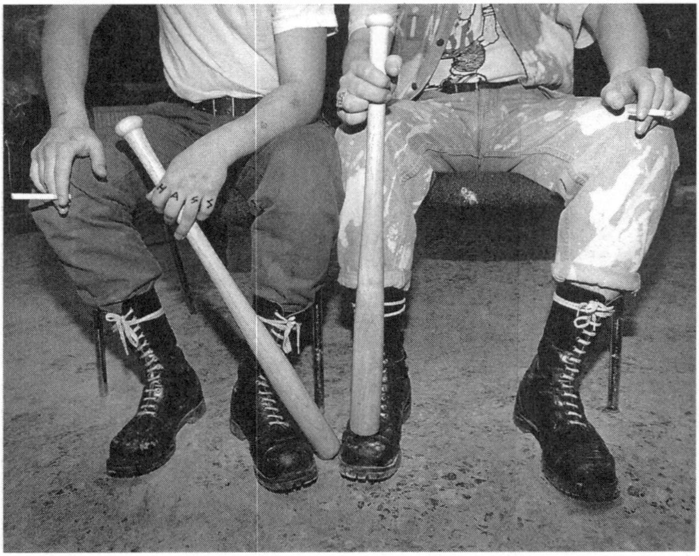

Neonazis in einem Berliner Club: Sie posieren mit ihren Schlagwaffen

Über die Gründe dafür kann man nur spekulieren.

Auch wenn es bislang keinen Beweis dafür gibt: Es darf wohl angenommen werden, daß den DDR-»Sicherheitskräften« dieser Terrorakt gegen die regsamen Oppositionellen vom Prenzlauer Berg nicht unlieb war, vielleicht sogar, daß die »negativ-dekadenten« Punks einen Denkzettel bekommen *sollten*. Der Initiator des Überfalls, der selbsternannte »Kameradschaftsführer« Ronny Busse, wurde von der Stasi schon seit längerem beobachtet. Eine Überraschung dürfte das Treffen der Rechtsradikalen, zu dem Busse sogar schriftlich eingeladen hatte, also nicht gewesen sein.

Einer aus der zu spät am Tatort eingetroffenen Gruppe, der Hooligananführer Jens-Uwe Vogt, erinnert sich später, daß der Grund für den Überfall nur »der reine Haß auf Punks« war. Punks verweigerten sich den »deutschen Werten« Gehorsam, Ordnungsliebe, Disziplin, Sauberkeit und Fleiß. Damit provozierten sie nicht nur die Skins und deren Anhang, auch die Stinos, die »Stinknormalen«, die Partei und die FDJ fühlten sich herausgefordert. Die Volkspolizei verfügte nur wegen des auffälligen Äußeren der Punks in der Regel schon Geldstrafen und sah sich damit, nicht ganz zu unrecht, als Vollstrecker des »Volkswillens«. So konnten die Rechtsradikalen sich, was die öffentliche Reaktion auf die Punks anging, bis zum Herbst 1987 durchaus im Einklang mit der Mehrzahl der Bürger der DDR fühlen.

Einige Tage nach dem Terror an der Zionskirche wird Ingo Haßelbach aus dem Gefängnis entlassen. Er weiß, daß viele seiner Freunde, darunter André Riechert und Ronny Busse, unter den Tätern sind. Riechert ist zwar kein Skinhead, sondern läuft noch immer mit der Andeutung einer modischen Haartolle herum, fühlt sich aber vom aggressiven Auftreten der Glatzen angezogen und identifiziert sich mit ihnen.

Haben die Skins am Abend des 17. Oktober auch ihre Schuldigkeit getan – jetzt werden einige der Täter vor Gericht gestellt. Haßelbach verfolgt die Prozesse, die im nächsten Monat folgen, mit Spannung. In der ersten Verhandlung werden vier Angeklagte, darunter Ronny Busse, zu relativ geringen Strafen verurteilt: Die Urteile bewegen sich zwischen einem und zwei Jahren Freiheitsentzug.

Die Zeitungen berichten nur kurz und knapp über die Ereignisse. Obwohl die Angeklagten vom Äußeren her fast alle eindeutig als Skinheads zu erkennen sind, darf über einen politischen Hintergrund des Terrorakts nichts geschrieben werden. Die offizielle Sprachregelung besagt, es handele sich um »Rowdys«. Die Täter hätten sich über »elementare Grundsätze menschlichen Zusammenlebens hinweggesetzt, die öffentliche Ordnung gefährdet und die in der DDR verfassungsgemäß garantierte Rechtssicherheit der Bürger verletzt«.

Ingo Haßelbach erinnert sich des Eindrucks, den er und andere angesichts dieser Rechtspraxis hatten: Die Flauheit der Urteilsbegründungen amüsierte die Truppen der Hools und Skins, sie wirkte im Grunde ermunternd, und faktisch gab sie ihnen Rückendekkung.

Haßelbach fühlte sich in diesen Monaten noch nicht als überzeugter Neonazi. Er weiß ohnehin nicht, was das sein könnte. Klar ist, daß er und seine Freunde »national gesinnt« und überzeugte Gegner des »Systems« sind. Über eine Alternative zu diesem »System« brauchen sie sich keine großen Gedanken zu machen. Die war ihnen von der Propaganda der SED selbst geliefert worden, nämlich »der Westen«. Der sollte schließlich genau das Gegenteil der DDR sein. Also sind alle Rechten für die Wiedervereinigung. Sie stellen sich das aber so vor, daß die florierende Wirtschaft des Kapitalismus auch im Ostteil Deutschlands eingeführt wird und die neue Bundesrepublik die sozialen Errungenschaften des Sozialismus übernehmen könnte. Sie möchten von beiden Seiten das Gute, eine Haltung, die sich von der großer Teile der Bevölkerung in der DDR nicht unterscheidet.

Allerdings halten sich die rechten Jugendlichen selbst, »die Deutschen«, schon zu dieser Zeit für besser als den Rest der Welt. Und es gibt auch schon eingefleischte Rechtsextremisten in Ostberlin. Haßelbach hört von einer Gruppe jugendlicher Rechter, die fünfzehn oder sechzehn Jahre alt sind, die den jüdischen Friedhof im Bezirk Mitte schänden, Grabsteine umstürzen und mit neonazistischen Parolen beschmieren. Mit solchen rassistischen »Übungen« hat er noch nichts gemein, wie er überhaupt die Gewalt gegen die Punks nicht versteht. Er wundert sich, daß viele seiner »Kameraden« so einen Haß auf die Punks haben. Er nimmt an, daß viele auch zeigen wollen, daß sie »knallharte Typen« sind, jetzt mit den »Gegnern« aufräumen. Einer seiner engsten Freunde hat in seinem Zimmer eine große Zeichnung an der Wand: Ein Skinhead tritt mit wutverzerrtem Gesicht einen Punk zusammen. Ingo Haßelbach hält das »für Quatsch«, weil sowohl bei den Punks als auch bei den Skins weltanschauliche Unterschiede bis jetzt nie eine Rolle gespielt, ja, die beiden Fraktionen die gleiche Musik gehört und sogar »zusammen an einem Tisch gesessen« hatten.

Doch die Berliner »Bewegung« ist zu diesem Zeitpunkt schon »weiter« als ihr späterer Organisator und »Führer« Ingo Haßelbach. Im Gegensatz zu den Punks wollen die Skinheads und Rechtsradikalen nicht nur »ein wenig provozieren«, sie wollen offen zeigen, daß sie da sind. Sie treten aggressiv auf, um andere einzuschüchtern. Sie wollen auch keine Nische, um ungestört ihren Interessen nachgehen zu können, sie fühlen sich nicht als Außenseiter, die nur geduldet sind: Sie wollen die Macht. Da sie, im Gegensatz zu ihren »Feinden«, den Punks und linken Oppositionellen, lange Zeit nicht behelligt wurden, fühlen sie sich in ihrer Meinung bestätigt. Die Gesellschaft will und akzeptiert es offenbar, daß sie »aufräumen«.

Dennoch: Nach dem Überfall auf die Zionskirche scheinen Teile der SED das Problem des Rechtsradikalismus nicht mehr unter den Teppich kehren zu wollen. Hinter den Kulissen wird über eine härtere Linie auch gegen die rechten Jugendlichen diskutiert. Im November schreibt ein hoher Offizier der Staatssicherheit an alle nachgeordneten Abteilungen, sie sollten Berichte »über die in der DDR existierenden Skinheads« abliefern. Der Chefredakteur der Jugendzeitung »Junge Welt«, gleichzeitig Sekretär des FDJ-Zentralrats, beschwert sich in einem Artikel über die milden Urteile gegen die Rowdys, »die organisiert und brutal gegen Menschen vorgehen und faschistisch-terroristische Parolen brüllen«. Er zeigt sich beruhigt darüber, daß die Staatsanwaltschaft gegen die milden Urteile im Zionskirchen-Prozeß Berufung eingelegt hat.

Der FDJ ging es aber nicht nur darum, etwas gegen rechts eingestellte Jugendliche zu tun, sondern viel mehr noch, wieder Einfluß auf alle zu bekommen, die sich der offiziellen Jugendpolitik verweigerten.

Doch nicht nur eine härtere Gangart wird in einigen Gruppen der Partei gefordert, es werden auch Überlegungen zu den Ursachen angestellt und diskutiert, die zum Rechtsextremismus geführt haben. Aber trotz solcher Versuche, genauere Kenntnisse zu gewinnen, um *richtig* darauf reagieren zu können – die Meinung behält die Oberhand, daß Skinheads, Punks, Heavy metals und Grufties, daß auch die kirchlich orientierten Friedensgruppen und die Umweltschützer als Störer des »sozialistischen Zusammenlebens« alle »in einen Topf« gehören.

Gewalt mit rechtsextremistischem Hintergrund war für die Staatssicherheit nur ein Aspekt »rowdyhaften Verhaltens«. Das ist erstaunlich, wenn man bedenkt, daß der »ererbte« Antifaschismus der DDR gerade den Blick für rechte Jugendliche hätte schärfen müssen. Und es ist verständlich angesichts der Tatsache, daß

Zwei Jahre nach jener »Zeit der Unsicherheit« von Beamten der Staatssicherheit: Einer, der für seine Kennzeichnung unmißverständlich gesorgt hat

ein ernsthaftes Forschen nach den Hintergründen für rechtsextreme Vorgänge letztlich an den Grundlagen des »sozialistischen Staates«, so wie er nun einmal täglich in Betrieben, Schulen und Familien »funktionierte«, gerüttelt hätte. Es sollte offiziell auch in Zukunft gelten: Was nicht sein durfte, das konnte es auch nicht geben. Im übrigen war es bis dahin so, daß die meisten Beamten der Staatssicherheit noch nicht einmal in der Lage waren, Punks und Skinheads voneinander zu unterscheiden.

Inoffiziell aber rumort es in den Reihen der SED.

Am 2. Februar 1988 tagt das Politbüro der Partei, die höchste Instanz im Staat. In der Vorlage zur Diskussion heißt es, es werde versucht, »Jugendliche dem Einfluß der FDJ zu entziehen«. Es gebe in der DDR etwa 800 Personen zwischen 16 und 25, »die durch ihr äußeres Erscheinungsbild und ihre Verhaltensweise den Skinheads zuzurechnen sind«. Diese seien nationalbewußt, »stark ausländerfeindlich« gesinnt, hätten indes eine positive Einstellung zur Arbeit. »Im Gegensatz zu anderen negativ-dekadenten Jugendlichen« wären die Skinheads im Arbeitskollektiv anerkannt.

Die leitenden Funktionäre der SED hätten sogar sehr genau wissen können, um wen es sich handelt. Die Kriminalpolizei nämlich hat sich schon länger mit den rechten Jugendlichen beschäftigt. Nur wurden die Ergebnisse der Untersuchungen lange nicht zur Kenntnis genommen. Sie wanderten schnell in den Panzerschrank. Eine der für die Partei unangenehmen Thesen: ein Teil der Skinheads »bekleidet vom Kollektiv gewählte Funktionen wie FDJ-Sekretär der Lehrlingsgruppe oder Vertrauensmann der Gewerkschaft«. Natürlich durfte darüber nicht offen gesprochen werden: Wie hätte man erklären sollen, daß »die tragenden sozialen Kräfte« der Rechtsradikalen »aus der jungen Arbeiterklasse« kommen?

In den nächsten Monaten werden landesweit alle, die nach »Glatze« aussehen oder eine auffällige Bomberjacke tragen, »zugeführt«, eingehend befragt und belehrt, daß sie sich in Zukunft doch besser »normgerecht« und »in Einklang mit den gesellschaftlichen Gesetzen der DDR« zu verhalten hätten. Jugendclubs verweigern Skinheads den Eintritt, aber auch anderen Jugendlichen, die nicht der Norm entsprechen, zum

Beispiel den Grufties. In Ostberlin werden viele Glatzen vorzeitig zur Armee einberufen, wohl in der Hoffnung, dort würden sie eines Besseren belehrt. Die, die sich hartnäckig zeigen, dürfen beschleunigt ausreisen.

Der Druck auf die Szene ist so stark, daß die »Glatzen« sich wieder die Haare wachsen lassen, um nicht mehr aufzufallen. An ihrer Einstellung ändert das nichts. Ingo Haßelbach zählte sich nie zu den Skinheads. »Ich sah ziemlich blöd aus ohne Haare«, sagt er. Aber auch er gerät immer mehr unter den Einfluß der rechten Subkultur: Da größere Ansammlungen von Leuten, die von ihrem Äußeren als »Rechte« zu identifizieren wären, nun schnell ins Visier der Staatssicherheit geraten, treffen sich die Gruppen privat und versuchen nicht aufzufallen.

So auch Haßelbach. Anfang 1988 sammelt er ein halbes Dutzend alter Freunde um sich, darunter Heiko Baumert und auch Frank Lutz. In dessen Wohnung treffen sie sich und diskutieren, was man gegen den Staat machen könnte.

Heiko Baumert, der auch kurze Zeit »auf Punk« gestanden hatte, beschäftigt sich mittlerweile mit der Zeit des Nationalsozialismus. Er geht in Bibliotheken und leiht sich alle Bücher über den Zweiten Weltkrieg aus, derer er habhaft werden kann. Er befragt auch seine Großeltern, die, das erzählt Ingo Haßelbach, unter Hitler »hohe Posten« innehatten. Da Baumerts Mutter zu jung ist, kann er mit der über die Zeit des Nationalsozialismus kaum reden. Sie gibt auch zu, daß sie in Diskussionen, in denen ihr Sohn die NS-Zeit verteidigte, »immer häufiger den kürzeren gezogen« habe. Bei militärischen Problemen des Zweiten Weltkriegs kann sie ohnehin nicht mitreden. Baumert begeistert sich für den SA-Führer Horst Wessel, der aus Berlin stammt. Wessel wurde 1930 bei einem Streit im Zuhältermilieu erschossen und von den Nationalsozialisten zum »Blutzeugen der Bewegung« hochgejubelt.

Heiko Baumert bezeichnet sich zuerst als Skinhead, dann immer häufiger als »nationalen Sozialisten«. Und in der Gruppe findet er Bestätigung. Haßelbach und Frank Lutz wollen sich genauso schulen wie Baumert. Wenn man sie gefragt hätte, ob sie sich als »Nazis« verstünden, würden sie das verneint haben. Sie sind »Sozialisten«, aber, im Gegensatz zur offiziellen Definition, »patriotisch gesinnt« und gegen den Staat DDR. Im Vergleich zur Zeit des Nationalsozialismus entsprechen sie ungefähr denen, die meinen, Hitler könne doch nicht in Bausch und Bogen verdammt werden, weil er doch Autobahnen gebaut habe. Da sie glauben – womit sie nicht allein stehen –, daß die Politik der SED verlogen ist, nehmen sie an, auch das, was ihnen über Hitler und die Nationalsozialisten erzählt wurde, sei mindestens zur Hälfte nicht wahr. Deshalb versuchen sie, sich ihre eigene Wahrheit zu schaffen.

Nicht mehr »Auffallen um jeden Preis« ist jetzt die Devise, sondern die Frage: Wie können wir Einfluß gewinnen? Die Gruppe gibt sich bald einen Namen: »Bewegung 30. Januar«, nach dem Datum der Machtergreifung Hitlers. Nach außen wollen sie nicht so auftreten, sondern unter der Bezeichnung »Lichtenberger Front«. Schon bald kommen sie mit anderen Gruppen in Kontakt. Gemeinsam nennen sie sich Faschos.

Viele der Rechtsradikalen zählten in der Vergangenheit zu den Skinheads. Aber nicht alle: einige waren vorher sogar »Stinos«, Lehrlinge, junge Arbeiter. Und dann, nach wie vor und besonders präsent in der Hauptstadt der DDR: die Kinder aus »guten« Elternhäusern, der »Intelligenz«, wie es hieß. Sie mußten Berufe ergreifen, die weniger Prestige haben als die ihrer Eltern, sie sind also »sozial abgestiegen«. Meist haben sie eine Anstellung als Facharbeiter.

Das gilt auch für Ingo Haßelbach. Er hat sich nicht damit abgefunden, nur als Maurer zu arbeiten – was er gelernt hat. Er kann sich vorstellen, etwas anderes und Besseres zu werden, sogar Journalist, wie seine Eltern. Nur ist ihm diese Perspektive verbaut. Seine Vergangenheit als »potentieller Störer des sozialistischen Zusammenlebens« und sein Gefängnisaufenthalt sind ein unüberbrückbares Hindernis für eine solche Karriere. Als ehemaliger Strafgefangener muß er sich sogar regelmäßig bei der Polizei melden ... Er kann nur darauf hoffen, daß die Gesellschaft sich ändert. Dann würde sich vielleicht auch seine Situation verbessern.

So denken viele der Faschos. Hinzu kommt: Aus mangelnder Anerkennung versuchen sie sich unter ihresgleichen zu »Führern« und zur Elite hochzustilisieren. Halb im Ernst und halb aus »Spaß« läßt sich Frank Lutz schon in dieser Zeit als »Führer des deutschen Reiches« und »Oberbefehlshaber der Wehrmacht« bezeichnen.

Auch Haßelbach hat nur seine »Kameraden«. Er braucht sie als Gruppe, als »Kameradschaft«, die ihn in seiner Meinung immer wieder bestätigt und ihm gegenüber der »feindlichen Umwelt« einen Halt bietet. Eigentlich unterscheiden sie sich alle gar nicht so sehr von dem, was die Stinos von ihnen wollen. Sie sind für »Ordnung und Sauberkeit«. Man müsse seiner Arbeit nachgehen, immer fleißig sein und vor allem nicht so »schmutzig« wie die Punks oder »die Ausländer«. Gerade auf ausländische Studenten, die im Besitz eines Passes sind – oder auf Westberliner, die nachts im Ostteil der Stadt die Bars »bevölkern« –, sind sie neidisch. Die haben »Valuta«, dürfen in jede Diskothek, wo die Mädchen sich um sie reißen. Aber sie, die Bürger der DDR, werden an der Tür abgewiesen, weil sie den falschen Haarschnitt oder eine oppositionelle Einstellung haben.

Sie haben zwar kein Geld und dürfen nicht reisen, aber dafür sind sie Deutsche – und stolz darauf. Wer nicht von allein begreift, wie »ein Deutscher« sein muß, »dem muß man es eben mit Gewalt beibringen«. Sie meinen, mit dieser Einstellung stünden sie nicht allein. Sie wollen aber nicht mehr durch gewalttätige Aktionen auffallen, sondern die Leute überzeugen. Oder einschüchtern.

Und falls die Volkspolizei zurückweicht, wenn eine Truppe von rechten Schlägern dann doch auf sie eindrischt – wie das bei Fußballrandale häufig genug geschieht –, so wird »das Vertrauen der Bevölkerung in die Sicherheitskräfte« untergraben. So formuliert die Kriminalpolizei die Absichten der Berliner Faschos, die einige von ihnen vernommen und ausgefragt hat.

Die »Lichtenberger Front« fällt zunächst nicht durch Gewalttätigkeiten auf. Andere Rechtsradikale haben da weniger Hemmungen. Sie schlagen immer häufiger zu. Die Dresdener Faschos veranstalten im November 1989 ihr eigenes »Pogrom« zum Jahrestag der sogenannten »Reichskristallnacht«. Sie ziehen los und verprügeln ihre »Feinde«: Punks, Homosexuelle, Grufties, Menschen mit dunkler Hautfarbe.

Die Gruppen wollen konspirativ bleiben. Die Staatssicherheit soll nicht erfahren, daß sie sich im Sinne des Nationalsozialismus schulen. Alle sollen eisern schweigen, auch wenn sie verhaftet werden. Keine Waffen dürfen mehr benutzt werden, nur noch, wenn es sein muß, die Fäuste. Wer ins Gefängnis wandert, wird nachher gleich wieder in die Gruppe aufgenommen.

Die Faschos treten auch in die paramilitärische »Gesellschaft für Sport und Technik« der DDR ein. Dort kann man bei manöverähnlichen Geländespielen legal Krieg spielen.

Die »Bewegung 30. Januar« hält nur zwei Monate. Ingo Haßelbach und seine Freunde waren zu unvorsichtig. Sie haben während ihrer Diskussionen die Fenster geöffnet. Irgend jemand aus dem Haus hat sie bei der Staatssicherheit angeschwärzt. Von nun an treffen sie sich manchmal in einer Kneipe im Nicolaiviertel in der Nähe des Alexanderplatzes. Aber das hindert die Staatssicherheit nicht daran, sich der Gruppe intensiv anzunehmen. Im Rahmen eines »operativen Maßnahmeplans« wird sogar das Telefon der Mutter Haßelbachs abgehört.

Bei der erstbesten Gelegenheit schlagen die »Sicherheitskräfte« zu. Heiko Baumert und Frank Lutz haben eine Randale in einer Diskothek angezettelt. Dabei sind – lächerlich – »Blumen aus der Vase gezogen« worden, wie die Kriminalpolizei ermittelt, Leute verprügelt, ja Widerstand gegen die Staatsgewalt geleistet worden. Ein Volkspolizist wird zweier Knöpfe beraubt, und die Täter hätten gerufen: »Hoch leben die Skins!« Das Ganze dient nur als Vorwand, die »Lichtenberger Front« auszuhebeln – wiederum unter dem Deckmantel des Rowdytums ...

Den engsten Freunden Ingo Haßelbachs wird der Prozeß gemacht. Frank Lutz und Heiko Baumert müssen sich vor Gericht wegen »Verbrechens der gemeinschaftlichen Beeinträchtigung gesellschaftlicher Tätigkeit«, des »Verbrechens des gemeinschaftlichen Widerstands in schwerem Fall« und des »Verbrechens des Rowdytums« verantworten. Haßelbach sitzt in einer der hinteren Reihen im Gerichtssaal und hört sich an, was der Staatsanwalt und die Verteidigerin zu sagen haben.

Er selbst hat noch einmal Glück gehabt. Ihm kann nicht nachgewiesen werden, daß er der konspirativen rechten Gruppe angehört, obwohl Frank Lutz ihm unvorsichtigerweise eine Postkarte geschrieben hat mit der Adresse: »Ingo Haßelbach, Reichshauptstadt Berlin«. Die Staatssicherheit fing sie ab, und dem Absender wurde der Vorwurf der »öffentlichen Herabwürdigung« gemacht.

Der Staatsanwalt listet noch einmal alle Verfehlungen der Angeklagten auf, inklusive der aus der Vase gezupften Blumen und der abgerissenen Knöpfe, und fordert eine mehrjährige Freiheitsstrafe. Er sagt, die »gesunde, lebensfrohe und optimistische Atmosphäre« in der DDR dürfe von Leuten wie den Angeklagten nicht vergiftet werden. Sie müßten jetzt die volle Härte des Gesetzes spüren. Alkohol und »westliche Orientierung« seien keine Entschuldigung.

Die Verteidigerin fragt, wo denn die Ursachen für »diese Handlungen« seien? Die Angeklagten würden doch von ihren Arbeitskollektiven gut beurteilt, ja, einer von ihnen könne einen brillanten Abschluß im Fach Staatsbürgerkunde vorweisen. Sie gibt zu bedenken, daß es vielleicht andere Möglichkeiten gäbe, mit diesen Jugendlichen umzugehen, als sie für mehrere Jahre ins Gefängnis zu stecken. Nur so könne eine Gesellschaft ihre Stärke beweisen. Gerade Frank Lutz sei »von seinem Vater zur Gewalttätigkeit erzogen« worden. – Offenbar ist selbst bei Gericht bekannt, was alle wissen: daß dessen Vater, noch immer Major bei der Staatssicherheit, seinen Sohn seit Jahren brutal geschlagen hat.

Der Filmemacher Roland Steiner und die Dramaturgin Anne Richter beginnen zu dieser Zeit einen Film über rechte Jugendliche in der DDR, der zwei Jahre darauf im Umfeld der beginnenden Wende in der DDR gezeigt werden kann. Der Titel: »Unsere Kinder«. Ein zentraler Teil des Films, der später mehrere Auszeichnungen erhält, ist der Prozeß gegen Frank Lutz und Heiko Baumert. Das Thema ist: Wie die Gesellschaft der DDR mit ihren Außenseitern umging, ob es auch andere Möglichkeiten gegeben hätte, als sie einzusperren. Doch es ist zu spät. Die Ursachen für die Rechtsentwicklung können nicht mehr beseitigt werden ...

Nach seiner Verhandlung hat Frank Lutz einen Brief an seine Mutter geschrieben, in dem er seine Gedanken vor und nach dem Prozeß niederlegt. »Alle haben mich verkannt«, schreibt er, »sie haben mich so gemacht, wie ich jetzt bin«, keiner habe je verstanden, was er wirklich wollte.

Mit »sie« meint er sowohl seine Eltern als auch die Gesellschaft, die ihm immer nur als feindlich gesonnen begegnet ist. Er habe nur Verachtung für die Heuchelei übrig, für die, »die nur aus Raffgier und Habsucht« bestünden. Er und seine Freunde seien aus Haß zu denen geworden, als die man sie von Anfang an beschimpft hätte, zu Nazis.

Er habe versucht, sich von dieser Gruppe zu lösen. Aber nur dort hätte er Anerkennung und Freundschaft gefunden. Kameradschaft und Hilfsbereitschaft seien das oberste Gebot gewesen. Jetzt gebe es keinen Weg mehr zurück. »Mich wollte keiner, also wollte ich auch keinen mehr.« Seine Freunde hätten ihm gesagt, daß sie ihn brauchten. »Das hat noch niemand zu mir gesagt«, schreibt Frank Lutz – ein vernichtendes Urteil nicht nur über seine Eltern –, »also blieb ich.« Alles andere wäre »ein Sprung ins Nichts« gewesen. Doch auch der Anklagebrief hilft nichts: Frank Lutz muß für

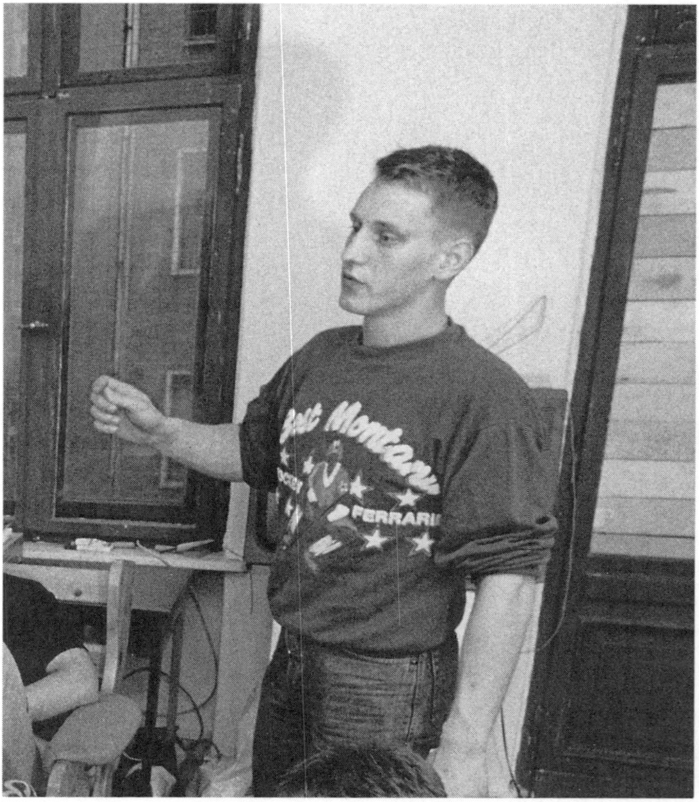

Frank Lutz, zwei Jahre nach seiner Haft: als Mitglied der Führungsmannschaft der »Nationalen Alternative«

drei Jahre und sechs Monate ins Gefängnis. Er wird erst nach der Wende wieder freikommen.

Monate später setzen sich Heiko Baumert und Ingo Haßelbach mit der Schriftstellerin Christa Wolf zusammen. Das Gespräch ist auf Vermittlung des Filmemachers Roland Steiner zustande gekommen. Christa Wolf will »die Skinheads« kennenlernen, von denen plötzlich so viel die Rede ist. Sie habe es sich abgewöhnt, in Feindbildern zu denken. Sie möchte »den Menschen« sehen. Die beiden Menschen fühlen sich ernst genommen und geschmeichelt.

Heiko Baumert wiederholt, was Lutz in seinem Brief geschrieben hat. Ihm seien »die Kameradschaft und der Zusammenhalt« in der Gruppe wichtig. Und man könne nicht mehr an »die Sprüche« glauben, die offiziell geäußert würden. »Sprüche«, darunter versteht er die vom Ideal der »sozialistischen Menschengemeinschaft«, die er – zu Recht – als Heuchelei empfindet. Damit steht er nicht allein, aber das wäre noch kein einleuchtender Grund, rechts zu sein. Was er an der DDR-Gesellschaft bemängelt, hört sich nach einer Kritik an, die zunächst einmal nichts mit neofaschistischer Gesinnung zu tun haben müßte.

Aber dann kommt es. Man könne sich »als normaler Mensch«, sagt Baumert, nicht mehr dorthin trauen, wo Ausländer sich aufhielten, »ohne Schaden zu nehmen«. Und Ingo Haßelbach pflichtet ihm bei, die Ausländer könnten in jeden Jugendclub gehen, »aber wir nicht«. Damit hat er zwar recht, aber schuld daran sind eben nicht »die Ausländer«, sondern diejenigen, die das angeordnet haben. Haßelbach fügt noch hinzu, früher habe »es«, womit er die Randale und die Provokationen meint, Spaß gemacht. Damit sei es jetzt vorbei. Offensichtlich, nachdem er mit dem Gesetz in Konflikt gekommen ist.

Baumert und Haßelbach können, wie zu hören ist, selbst die dümmlichsten Vorurteile und Ansichten verbreiten, ohne daß die berühmte Schriftstellerin ihnen energisch widerspricht ... Eine aus gutem Glauben begangene Unterlassungssünde, die letztlich nichts anderes bei den beiden Gesprächspartnern bewirkte, als daß ihr Selbstwertgefühl gestärkt wurde.

Haßelbachs Situation spitzt sich zu, nachdem viele seiner Freunde im Gefängnis landen. Einige von ihnen werden »im Rollstuhl aus den Vernehmungszellen« gefahren, andere verlassen den Knast als gebrochene Menschen. Aus dem »Spaß« ist tatsächlich Ernst geworden. Haßelbachs Ehe ist längst gescheitert, weil seine Frau es nicht mehr aushielt, seinetwegen ständig von der Staatssicherheit unter Druck gesetzt und bespitzelt zu werden. Haßelbachs leiblicher Vater will mit seinem mißratenen Sohn nichts mehr zu tun haben und sagt sich formell von ihm los.

Haßelbach erinnert sich, daß diese privaten Enttäuschungen ein Grund mit dafür waren, daß er in der DDR keine Perspektive mehr für sich sah. Er haßt diese verlogene Gesellschaft, er hat genug davon, sich regelmäßig bei der Volkspolizei melden zu müssen. – Die nutzt jede Gelegenheit, ihn zu schikanieren. Weil er seit seiner Scheidung keinen ständigen Aufenthaltsort nachweisen kann, wandert er wieder für sechs Monate ins Gefängnis. Nach der Entlassung sieht er nur noch eine Möglichkeit: Er will weg. In die Bundesrepublik. Es sind jene Wochen und Monate des Jahres 1989, als die mühsam aufrechterhaltene »Ruhe und Ordnung« des Landes endgültig ins Wanken gerät. Ingo Haßelbach hört und sieht, daß immer mehr Menschen versuchen, in den Westen zu fliehen. Die bundesdeutschen Botschaften in Prag und Warschau haben schon mehrere hundert Ausreisewillige aufgenommen, über deren Schicksal verhandelt wird. Es werden immer mehr.

Haßelbach weiß nur eins: Die Staatssicherheit wird ihn immer im Visier haben. Niemand kann wissen, wie die Zukunft der DDR aussehen wird. Er weiß nur, daß er keine haben kann: Er müßte sich anpassen, sich mit Gelegenheitsarbeiten zufriedengeben, müßte den

Mund halten. Alle seine Ideen eines »nationalen Sozialismus« sind vergebens gewesen. Ingo Haßelbach weiß nur eins: Er will raus! Er hat nichts mit denen zu tun, die am 4. September 1989 nach einem Friedensgebet in Leipzig trotzig rufen: »Wir bleiben hier!« Was soll er noch im »realen« Sozialismus?

Am 11. September werden die ungarischen Grenzen geöffnet. Alle DDR-Bürger, denen es gelingt, dorthin zu reisen, können ungehindert nach Westdeutschland gelangen. Allein in den nächsten drei Wochen verlassen knapp 30 000 Menschen die DDR. Am 25. September kommt es zur ersten großen Montagsdemonstration in Leipzig.

Ich, der ich wie die meisten im Westen Deutschlands die Ereignisse nur über das Fernsehen mitverfolge, kann spüren, daß die Menschen dort in Leipzig und in anderen Städten der DDR von einer ungeheuren Erregung und Aufbruchstimmung ergriffen sind. Sie singen »We shall overcome« und die »Internationale«. Eine Entscheidung, ob die allgemeine Empörung über die Zustände in der DDR in einer blutigen Revolution enden oder ebenso blutig erstickt werden wird, scheint unmittelbar bevorzustehen.

In den letzten Septembertagen versucht auch Ingo Haßelbach, nach Prag zu fliehen. Doch in der Nacht zum 1. Oktober hat der bundesdeutsche Außenminister den mittlerweile über 5000 Botschaftsflüchtlingen in Prag mitgeteilt, daß die Regierung der DDR ihnen erlaubt, in den Westen auszureisen. Sie reisen per Sonderzug über Dresden in die Bundesrepublik. Am selben Tag ist Haßelbach schon in Bad Schandau. Dort wird er von der Volkspolizei aufgegriffen, die richtig vermutet, daß er flüchten will. Haßelbach landet wieder im Gefängnis.

Doch jetzt hat er Glück. Nur wenig später wird er entlassen. Die SED hat zum 40. Jahrestag der Gründung der DDR eine Amnestie erlassen, in deren Genuß auch Haßelbach kommt. Jetzt hält ihn nichts mehr. Er setzt alles auf eine Karte. Mit der Brille und dem Ausweis seines jüngeren Bruders reist er im November nach Prag und überquert die Grenze in die Bundesrepublik. Über Bayern wird er nach Braunschweig in ein Aufnahmelager geschickt. Im Fernsehen sieht er, wie das Mitglied des Politbüros der SED, Günter Schabowski, verkündet, ab sofort träten »neue Reisebestimmungen« in Kraft. Die Mauer ist offen. Nur wenige Stunden später werden in Berlin die ersten Trabis auf dem Kurfürstendamm gesichtet.

Als Ingo Haßelbach dort eintrifft, liegt das System, aus dem er floh, schon in den letzten Zuckungen.

4

Der riesige Umweg war umsonst. Ingo Haßelbach hätte nur ein paar Wochen warten müssen und dann die Gelegenheit gehabt, gemütlich durch das Brandenburger Tor zu spazieren. Natürlich sieht er sich, im Westteil Berlins angekommen, wie alle DDR-Bürger in jenen Tagen den Kurfürstendamm an und was man sonst noch so sehen muß. Überall an den Banken und Postämtern stehen lange Schlagen von Ostberlinern, die ihr Begrüßungsgeld abholen. Fast empfindet es Haßelbach als Privileg, daß er das nicht muß, weil er schon einen bundesdeutschen Paß hat, somit »Westler« ist.

Doch schon seit einiger Zeit machen sich Ernüchterung und auch eine gewisse Hilflosigkeit in ihm breit. Jetzt war er so lange im Knast, hat so lange »das System« provoziert und so viel dafür in Kauf genommen – aber was hat es genützt? Noch vor seiner Rückreise nach Berlin, in Braunschweig, hat ihn die Warenhausfülle des Westens überrollt. Alles ist zu haben, und nun erlebt Haßelbach, daß fast alle DDR-Bürger den Segnungen des Konsums nachlaufen. Daß es auch im Westen Menschen gibt, die sich der glitzernden Kaufwelt verweigern oder die sich als kritisch gegenüber der Gesellschaft empfinden – davon kann Haßelbach nichts merken. Er fühlt sich zu denen hingezogen, die radikal gegen alles sind, gegen den »Materialismus«, die »Dekadenz«, gegen alles, was verlogen ist. Irgendwo muß es doch einen verschworenen Haufen von

Leuten geben, die daran arbeiten, daß sich etwas ändert! Die Linken können es nicht sein. Die meint er schon zu kennen. Links ist die SED oder auch deren Nachfolgepartei, die PDS. Solche Leute sitzen ja in seinem Elternhaus.

Haßelbach bezieht Arbeitslosengeld nach »Westtarif«, und das macht ihn, wenn er damit »nach drüben«, in seine alte Heimat Lichtenberg geht, zum reichen Mann. Er läßt seine Freunde daran teilhaben. Einige von denen kommen gerade aus dem Gefängnis oder sind amnestiert worden: sein Sandkastenfreund und Schulkamerad Frank Lutz ist darunter, Alexander Dietze und ein paar andere. Die jungen Männer ziehen um die Häuser und lassen die Sau raus, wie gehabt. Aber niemand beschwert sich mehr über »rowdyhafte Vorkommnisse«.

Bloße Randale soll es aber auch nicht mehr sein. Haßelbach und seine Freunde haben sich ja geschult: Sie sind überzeugte »nationale Sozialisten« und damit im Besitz einer – wie auch immer gearteten – festen Weltanschauung, was sie der rasch wachsenden Zahl der orientierungslosen DDR-Bürger voraus haben. Ihre Weltanschauung dient ihnen als Wegmarke für das, was jetzt geschehen soll.

Sie träumen nicht von einem Sozialismus »mit menschlichem Antlitz«. Sozialismus, das heißt für sie: radikal gegen »das System« zu sein. Wer sich ihnen entgegenstellen wird, ist ein Feind. Den bekämpfen sie so erbittert, wie das System des Sozialismus mit ihnen umgegangen ist.

Die Vorstellung einer Gesellschaft von Gleichen unter Gleichen war in ihren Augen nicht schlecht, nur in ihrer Praxis verlogen. Eine neue Gesellschaft soll her, in der man stolz auf etwas sein kann. Stolz auf etwas, das niemand wegnehmen oder leugnen kann.

Ein Fascho – Made in GDR

Stolz, Deutscher zu sein. In diesem Empfinden fühlen sie sich von denen bedroht, die auch an dem zu erwartenden Wohlstand des Westens teilhaben wollen, ohne daß sie in den Augen der DDR-Rechtsradikalen »dazugehören« – den Ausländern.

In der DDR ist in dieser Zeit alles erlaubt und alles möglich. Die Menschen leben seit Monaten wie im Fieber. Haßelbach fühlt sich von einer Welle getragen, die die alten Feinde hinwegspülen wird: Er gehört nicht mehr zu einer verschwindenden Minderheit, sondern zur Avantgarde der Mehrheit, zur Hefe im Teig derer, die das Volk sein wollen.

Warnstreiks nehmen zu und Demonstrationen gegen die SED. Am 15. Januar 1990 stürmen mehrere tausend Demonstranten die Zentrale der Staatssicherheit in der Normannenstraße in Berlin-Lichtenberg. Die Situation scheint außer Kontrolle zu geraten. In Leipzig gehen mehr als 150 000 Menschen auf die Straße, fast genausoviel in Chemnitz, das noch Karl-Marx-Stadt heißt, Zehntausende in Halle, Erfurt, Schwerin, Magdeburg, Neubrandenburg, Frankfurt/Oder, Stralsund, Potsdam, Rostock, Cottbus ...

In mehreren Städten werden Hakenkreuze und Nazi-Parolen an Mauern entdeckt. Der Bürgerrechtler Konrad Weiß von »Demokratie jetzt« schätzt, daß es in der DDR mehr als 1500 Neonazis gibt und nennt sie eine »ernsthafte Bedrohung«. Der REP-Chef Franz Schönhuber darf nicht nach Ostberlin reisen: Grenzbeamte verwehren ihm die Einreise am Potsdamer Platz.

Ende Januar bekommt Ingo Haßelbach Besuch aus Hamburg, von einem alten Freund, der wie er – aber schon einige Monate vorher – aus Berlin geflüchtet ist und der in einem Aufnahmelager in Bergedorf untergekommen war. Dort ist er von zwei Neonazis angesprochen worden, vom Hamburger Anführer Christian Worch und von dessen Stellvertreter Thomas Wulff, der sich »Steiner« nennen läßt. Diese Neonazis sind von einem anderen Kaliber als Haßelbachs Kumpane.

Thomas Wulff (mit Schirmmütze und Megaphon) alias Steiner im Berliner Hauptquartier der »Nationalen Alternative«

Worch ist schon seit fast 15 Jahren Reisender in Sachen Rassismus und Antisemitismus und propagiert das »Heilige Großdeutsche Reich«. Sie haben sogar eine legale Kleinstpartei, die »Nationale Liste«. Bei Gesprächen mit den Neuankömmlingen aus der DDR haben Worch und Steiner herausgefunden, daß dieser Freund Haßelbachs sich auch zur radikalen Rechten zählte. Sie boten ihm gleich eine Wohnung an. Die hätten sie für gleichgesinnte »Kameraden« schon länger angemietet.

Haßelbach ist interessiert.

Von Worch hat er schon gehört. Der soll zur militanten, zur gewaltbereiten Szene gehören und sogar mit Nazi-Gruppen in anderen Ländern zusammenarbeiten. Er weiß zwar, daß es im rechtsextremistischen Lager diverse konkurrierende Gruppen gibt, aber wer zuerst kommt, mahlt zuerst. Er bittet den Freund, den Kontakt herzustellen.

Schon einige Tage später kommt Wulff alias Steiner nach Berlin. Steiner gibt sich immer sehr militärisch und verläßt kaum ohne sein Soldatenkäppi das Haus. Er erledigt für Worch die organisatorische Arbeit in Hamburg.

Steiner läßt sich die anderen Ostberliner vorstellen: Frank Lutz, der mittlerweile den Kontakt zu seinen Eltern abgebrochen hat und dem es nicht radikal genug zugehen kann, André Riechert, der noch immer sehr adrett aussehen will und jetzt einen akkurat gezogenen Seitenscheitel trägt, Heiko Baumert, der beinahe alle Schlachtenverläufe des Zweiten Weltkriegs auswendig dahersagen kann, und Ingo Haßelbach.

Auch ein Neuer ist dabei: Bendix Wendt, der sich ständig im Krieg wähnt und fast immer ein Sortiment scharfer Waffen bei sich trägt. Den hatte Haßelbach schon vor seiner Reise in den Westen kennengelernt. Wendt ist ein fanatischer Sammler von militärischen Gegenständen. Schon vor ein paar Jahren ist er bei jeder Gelegenheit in die Wälder südlich von Berlin gefahren. Dort hatte kurz vor Ende des Krieges eine große Kesselschlacht stattgefunden, bei der Zehntausende Soldaten starben. Noch heute findet man dort Stahlhelme, Waffen, ja sogar Skelette, die noch die Wehrmachtsstiefel tragen.

Man schmiedet Pläne, »wie die Szene eine richtig extreme Szene werden könnte«, erinnert sich Haßelbach. Steiner hat ein Rezept. Er möchte, daß die Ostberliner eine Partei gründen, ähnlich wie die »Nationale Liste« in Hamburg. Eine Satzung und ein Programm hat er gleich mitgebracht. Eine richtige Partei hätte den Vorteil, daß man legale politische Propaganda betreiben und sich sogar zur Wahl stellen könne. Das klingt gut. Steiner lädt die Ostberliner zu einem Besuch nach Hamburg ein. Dort könnten sie alles weitere erfahren.

Vielleicht ergäbe sich auch die Möglichkeit, den »bekannten Systemkritiker« und Obernazi Michael Kühnen kennenzulernen.

Ein Jahr später werden Haßelbach, Lutz, Baumert und Riechert sich darüber aufregen, daß sie sich ausgerechnet mit dem Kühnen-Flügel der westdeutschen Neonazis eingelassen haben. Was es damit auf sich hat, erfahren sie jetzt nicht. Sie wissen nur, daß Kühnen einer der bekanntesten Neofaschisten in Deutschland ist. – Auch Kühnen selbst war der Meinung, er sei der Anführer des braunen Mobs. Wenn er wieder einmal eine Hetzrede vor seinen Gesinnungsgenossen hielt, vergaß er kaum jemals zu erwähnen, daß ein Nachrichtenmagazin ihn zum »gefährlichsten Neonazi-Führer« Deutschlands ernannt hatte. Kühnen vergaß nie hinzuzufügen: »Damit haben die recht.«

Haßelbach und Riechert fahren im Februar nach Hamburg. In Bergedorf hat Steiner in einer ruhigen Straße ein Apartment gemietet. Es dient als konspirative »Kameradschaftswohnung«. Sie lernen Christian Worch kennen. Der ergänzt die Ratschläge Steiners und gibt detaillierte Anweisungen, wie die »Nationale Alternative« als legale Partei in Berlin zu installieren sei.

Doch am Abend vor ihrer Heimreise kommt noch ein Anruf. Es ist Kühnen. Er möchte unbedingt die »Kameraden« aus der DDR kennenlernen. Er sei soeben aus Dänemark angereist, sagt er. Er hat sich dort wohl mit einigen älteren Gesinnungsgenossen getroffen und neue Pläne ausgeheckt. Riechert ist begeistert, so einen gefährlichen Mann kennenlernen zu können. Auch Haßelbach wartet gespannt auf den, der als Drahtzieher der militanten Szene gilt.

Vor allem interessiert ihn an Kühnen, daß der nicht nur »den Kommunismus« haßt, sondern auch »das kapitalistische System«. In der DDR hatte es immer geheißen, die Nazis seien die Marionetten der Großkonzerne gewesen, und daran hätte sich auch bei ihren Nachfolgern nichts geändert. Jetzt muß er erfahren, daß die Nazis um Kühnen offenbar radikal gegen alles das sind, was er, Haßelbach, auch meint ablehnen und deshalb bekämpfen zu müssen: die westliche »Dekadenz«, den Materialismus und die »bürgerliche, verlogene Welt«, die den Jugendlichen ihre Zukunft stehle. So heißt es in Flugblättern, die Kühnen geschrieben und mit denen sie Worch bekannt gemacht hatte. Haßelbach glaubt, daß die Neonazis im Westen anders sind, als sie die Propaganda der SED darstellte.

Bald trifft der erwartete Kühnen ein. Haßelbach und Riechert setzen sich an den Tisch und hören sich an, was der westdeutsche Obernazi zu erzählen hat. Der redet zunächst mal über sich selber. Kühnen war schon seit Ende der 70er Jahre als Schülersprecher für die rechtsextremistische NPD aktiv. Er brachte es in der Armee bis zum Leutnant, die Bundeswehr entließ ihn aber 1977 nach rechtsradikalen Umtrieben wegen »Verletzung der Dienstpflicht und Gefährdung des Ansehens der Bundeswehr«.

Wenig später trat Kühnen als Anführer einer Schlägerbande in Hamburg auf, aus der die »Aktionsfront Nationaler Sozialisten« hervorging, eine unverhüllt neonazistisch auftretende Gruppe, die bald durch Hakenkreuzschmierereien, diverse Banküberfälle und Angriffe auf antifaschistische Gruppen von sich reden machte.

Viele Mitglieder des braunen Mobs kamen aus den Reihen der rechtsradikalen NPD. Deren Politik erschien ihnen zu »lasch«. Schon im November 1974, erzählt Kühnen, hatten Mitglieder der NPD im Hamburger »Haus des Sports« eine Versammlung abgehalten, an der sich über 100 eingefleischte Nazis beteiligten. Der selbsternannte Chef der NSDAP/AO (Auslandsorganisation), der Deutsch-Amerikaner Gary Rex Lauck, hielt eine Rede mit dem Thema »Warum wir Amerikaner noch Adolf Hitler verehren« und zitierte seitenweise Hitlers »Mein Kampf«. In diese Organisation ist auch Kühnen eingetreten und seitdem gut Freund mit dem US-Nazi Lauck.

Die beiden Ostberliner erfahren, wie Kühnen sich die politische Arbeit in Zukunft vorstellt. Wichtigstes Ziel sei die Wiederzulassung der seit Kriegsende von den Alliierten verbotenen Nazipartei, der NSDAP. Deshalb müsse man sich möglichst bald mit Gary Rex Lauck zusammensetzen. Der würde sofort Propagandamaterial schicken. Kühnen erzählt auch, wie er mit Aktionen in die Medien gekommen ist: Auffallen um jeden Preis ist sein Motto. So hatte er wiederholt den Massenmord der Nazis an Juden geleugnet. Durch Provokationen wollte er die »Sensationsgier der Presse«, wie er sich ausdrückte, wachhalten.

So zogen 1978 Kühnen, Christian Worch und ein paar Dutzend anderer Nazis durch den Hamburger Hauptbahnhof. Einige trugen Eselsmasken, andere hielten Transparente hoch mit der Aufschrift: »Ich Esel glaube noch, daß in Deutschland Juden vergast wurden.«

Kühnen hat zu diesem Zeitpunkt, als er zum erstenmal mit Haßelbach am Tisch sitzt, mehrere Gefängnisstrafen hinter sich wegen Volksverhetzung, Aufstachelung zum Rassenhaß und Aufforderung zur Gewalt. Seine Mitangeklagten in diversen Prozessen erhielten langjährige Haftstrafen für Überfälle auf Waffendepots. Kühnen war keine Beteiligung an diesen Aktionen nachzuweisen. Für Straftaten, die ein hohes Risiko nach sich zogen, schickte er immer andere vor. Dennoch wanderte er 1984 für gut drei Jahre ins Gefängnis, unter anderem wegen Verbreitung von Nazi-Symbolen.

Diese Geschichte macht Eindruck bei Haßelbach und Riechert. Wer wegen seiner Überzeugung, welche es auch immer sei, lange Jahre im Gefängnis gesessen hat, muß wohl radikal »gegen das System« sein. Haßelbach kann nicht genau beschreiben, warum er Kühnen faszinierend fand. Nur, weil er den Eindruck erweckte, er glaube an das, was er sagte? Das wäre kein Argument. Überzeugt von ihrer Ansicht waren auch viele Mitglieder der SED. Vielleicht das Märtyrer-Gehabe? Oder alles zusammen?

Am wichtigsten ist für Haßelbach, daß sie, die mit ihrer »Bewegung« im Osten noch in den Kinderschuhen stecken, jetzt jemanden gefunden haben, der ihnen helfen will, der vorgeblich die gleichen Ziele hat, nämlich einen radikalen Umsturz, auch mit gewaltsamen Mitteln. Kühnen predigt »die Revolution«: Erst wenn die Gesellschaft vollends zerstört sei und die Herrschenden nicht mehr die Kraft hätten, das Volk zu unterdrücken, sei ihre Zeit gekommen, die Zeit der neuen Nationalsozialisten.

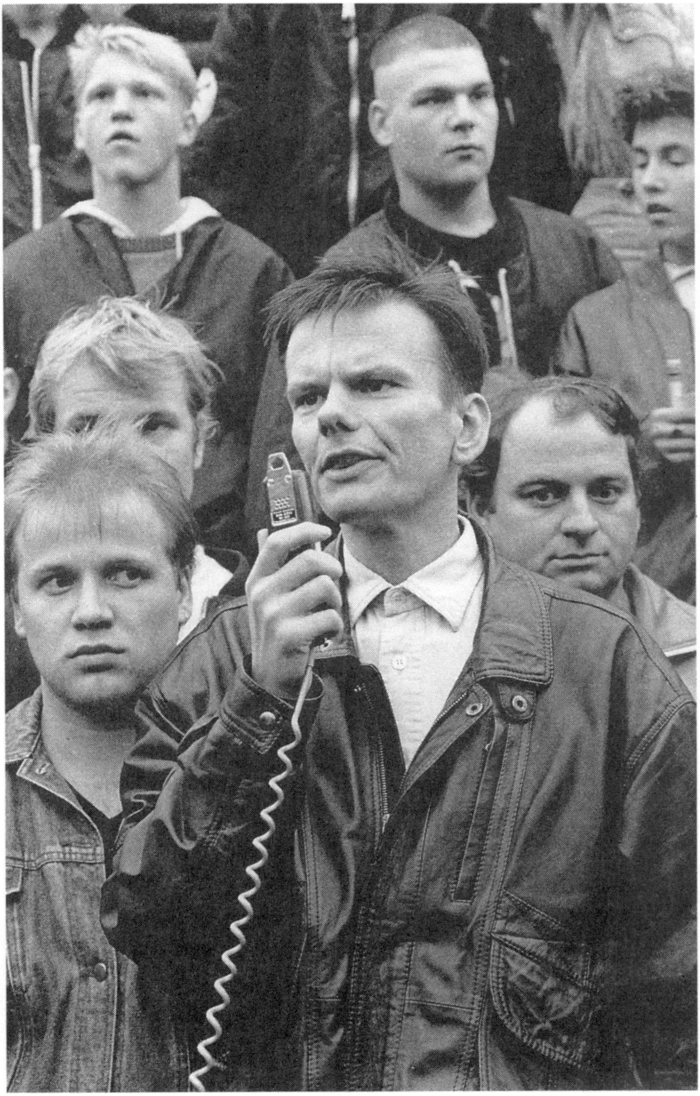

Michael Kühnen, selbsternannter »Führer« der neuen Nazis in Deutschland

Kühnen verschweigt in diesem Gespräch einige Dinge bewußt. Zum Beispiel, daß er homosexuell ist und sich deshalb die militanten Nazis im Westen fürchterlich zerstritten haben. Oder daß einige seiner Gesinnungsgenossen Aufschneider, Hochstapler und auf keinen Fall ernst zu nehmen sind. Wie sein enger Mitstreiter Otto Riehs, ein Taxifahrer aus Frankfurt/Main, ein kleiner und dicker älterer Herr, ein fanatischer Judenhasser, der während des Golfkriegs ständig die irakische Botschaft in Bonn anrief, um den Irakern zu ihren Luftangriffen auf Israel zu gratulieren. Riehs trägt stolz auf seiner Brust ein Ritterkreuz, angeblich will er im Zweiten Weltkrieg im Alleingang und binnen weniger Minuten ein Dutzend russischer Panzer erledigt haben – als Obergefreiter. Das ist eine blanke Lüge. Später wird sich Haßelbach genauer erkundigen. In einem Buch über die Ritterkreuzträger des Zweiten Weltkriegs, in dem alle ohne Ausnahme aufgeführt sind, findet er keinen Otto Riehs. Auch wird dort ausdrücklich betont, daß kein Obergefreiter jemals das Ritterkreuz bekommen habe.

Kühnen hütet sich auch davor, den Eindruck zu erwecken, er hielte sich für jemanden, der den Ostberlinern befehlen könnte. Er gibt nur »Ratschläge«.

Haßelbach hat gegenüber den meisten der DDR-Rechtsradikalen gewisse Vorteile, die ihn gleich zum Anführer machen: Er ist schon einige Jahre in rechten Kreisen aktiv, kennt sich also in »der Szene« gut aus, ist intelligent und nicht nur jemand, der sich herumprügelt, und hat so etwas wie ein naives Pflichtbewußtsein. Er meint, man müsse sich »für die Sache« mit ganzem Herzen einsetzen. Und nicht zuletzt ist er ehrgeizig: Er konnte in der DDR nicht zur Elite gehören wie seine Eltern, weil er nicht der Norm entsprach. Er will jetzt selbst Normen setzen.

Otto Riehs, Altnazi und Hochstapler. Hier als Galionsfigur während eines Aufmarschs von Rechtsextremen in Halle

Das scheint Kühnen schnell gemerkt zu haben. Er möchte Haßelbach zum Anführer der Ostberliner Rechtsradikalen machen.

Von Kühnens Art, bei Leuten seines Kalibers nur Empfehlungen – statt barsche Anordnungen – auszugeben, guckt sich Haßelbach für die Zukunft eine Menge ab: Man darf nur solche Befehle geben, die die »Untergebenen« ohnehin ausführen würden – wie bei den Indianerhäuptlingen in Karl Mays Romanen. Jemand, der gern Anführer einer Gruppe sein möchte, wird immer den Eindruck erwecken, er könne die anderen, die diese Qualität nicht haben, davon abhalten, etwas zu tun, was ein zu hohes Risiko in sich birgt. Wenn sich dieser Anschein in einer Gruppe erst einmal verfestigt hat, werden die »Mitglieder« gehorchen, ohne groß zu fragen.

Haßelbach verwechselt die leutselige Art Kühnens mit Kameradschaft. Er hat bisher häufig genug erlebt, daß jemand ihm Vorschriften machte, ihn zwingen wollte, etwas zu denken oder zu tun: sein leiblicher Vater, der ihm die sozialistische Weltanschauung einbläuen wollte, die Lehrer, die bei der kleinsten Verfehlung zu Zuchtmitteln griffen, die Staatssicherheit und die Polizei, die ihn und seine Gesinnungsgenossen drangsalierten, ja ins Gefängnis steckten. Es gefällt ihm, daß in der Szene, in der er sich jetzt bewegt, nicht das unbedingte Prinzip »Befehl und Gehorsam« herrscht. Jedenfalls glaubt er das.

Haßelbach weiß aber nicht, daß das nur gilt, solange jemand wie er noch nicht ganz integriert ist, solange um ihn noch geworben wird. Kühnen hätte nichts lieber, als daß er der »Chef« wäre, dem alle anderen folgen müßten. Nur darf er das nicht zu laut sagen, solange er noch umstritten ist.

Ganz ohne Autorität kann eine politische Bewegung nicht funktionieren, denkt Haßelbach. Da er sich ja ins rechte Spektrum einordnet, meint er, wenn der »Führer« nur in Ordnung sei, dürfte sich der Rest auch geben. Er geht zwar nicht so weit wie einige der jüngeren »Kameraden«, die von Erich Mielke, dem Stasi-Chef, schwärmen, der »leider« nur »auf der falschen Seite« gestanden habe. Aber Ordnung, Disziplin und

Sauberkeit müßten schon sein. Eigentlich alles das, was die Eltern auch wollten, aber eben nicht durch Zwangsmaßnahmen verordnet, sondern freiwillig.

Kühnen rennt bei Ingo Haßelbach also offene Türen ein in diesem Gespräch. Und als er Haßelbach und Riechert erläutert, wie die rechtsextremistische Szene organisiert sei, fühlen die sich schon voll einbezogen. Der »Eckpfeiler der Bewegung« sind konspirative Zellen, also Gruppen von überzeugten Nationalsozialisten, die sich nur untereinander kennen, die aber nicht unbedingt von den Mitgliedern der anderen Zellen wissen. Alle sind Teil der verbotenen NSDAP/Auslands- oder Aufbauorganisation. In diese Partei, die ein paar tausend Mitglieder hat, kann zwar jeder eintreten, aber die Zellen sind etwas anderes. Dort kann nur jemand auf Empfehlung eines anderen aufgenommen werden.

Die beiden finden es schrecklich aufregend, bald Mitglied einer geheimen Organisation sein zu dürfen, die nichts weniger als den allgemeinen Umsturz auf ihre Fahnen geschrieben hat. Deshalb werden sie sich nicht den »Republikanern« oder der DVU anschließen, die sich – jedenfalls behaupten sie das – an die Spielregeln der parlamentarischen Demokratie halten wollen. Haßelbach und seine »Kameraden« halten eine Diktatur für besser geeignet, Probleme zu lösen: Sie zählen sich – mit oder ohne »Prestigeverlust« – in diesem Augenblick zur Arbeiterklasse. Außerdem, das behauptet Kühnen, seien die REPs korrupt und genauso am »Postenschacher« beteiligt wie die »Altparteien«.

Kühnen erklärt, daß neben den illegalen Zellen legale politische Parteien existierten oder neu gegründet würden. Eine davon sei die »Deutsche Alternative«, die vor allem in der DDR mit unverfänglichem

Programm auftreten sollte. Eine andere, eben ihre »Nationale Alternative«, die sich auf Berlin und das Umland beschränken müßte. Auch hier könnte jeder Mitglied werden, aber die überzeugten Nationalsozialisten wie zum Beispiel sie, Ingo Haßelbach und André Riechert, würden natürlich den »harten Kern« ausmachen und die Führung übernehmen.

Sie sollten sich ein Vorbild an der SA Hitlers nehmen. Das heißt: Aufsehen erregen, auch durch öffentliche Aktionen, bei denen es zu gewalttätigen Auseinandersetzungen kommt. Kühnen empfiehlt ihnen, Hitlers Buch »Mein Kampf« zu lesen. Darin habe Hitler gesagt: Ganz gleich, ob die Presse »uns als Hanswurste oder als Verbrecher hinstellt, die Hauptsache ist, daß sie uns erwähnen, daß sie sich mit uns beschäftigen«.

Das wird sich Haßelbach merken. Er findet dieses Konzept richtig und logisch. Der Wiederaufbau der NSDAP ist laut Gesetz strafbar, deshalb sollte man vorsichtig sein. Wenn eine der rechtsextremistischen Miniparteien verboten würde, könnten die Mitglieder gleich in eine der anderen Gruppen eintreten und weiterarbeiten. Alle legalen Organisationen, so erklärt Kühnen, sind in der sogenannten »Gesinnungsgemeinschaft der Neuen Front« zusammengefaßt. Die beiden Ostberliner versprechen, sich an dieses Konzept zu halten. Haßelbach soll neben dem Parteivorsitz in der »Nationalen Alternative« (NA) im Osten auch den der »Deutschen Alternative« (DA) dort übernehmen, deren Gründungsparteitag bald stattfinden würde. Haßelbach wäre für den Parteivorsitz geeignet, weil er als Jugendlicher, der von »den Kommunisten« verfolgt worden ist, andere seiner Generation ansprechen und auf diese glaubwürdig wirken könnte. Haßelbach will sich das noch überlegen. Er ist aber von

Kühnen und dessen Schwärmereien über die angeblichen Errungenschaften des Nationalsozialismus so beeindruckt, daß er sich in Zukunft von Journalisten häufig statt Haßelbach – HaSSelbach schreiben läßt. Kühnen verabschiedet sich erst am frühen Morgen.

Die beiden Berliner werden in Lichtenberg eine Menge zu erzählen, aber auch zu organisieren haben: Schon am 1. Februar gründen Haßelbach, Lutz, Baumert, Riechert und ein paar andere die »Nationale Alternative«. Die Gründungsveranstaltung findet in einem Wohnzimmer statt, ist recht unfeierlich und wird mit Alkohol begossen. Das Programm ist fast wortwörtlich von der Hamburger »Nationalen Liste« abgeschrieben, die im übrigen seit Jahren auch nicht viel mehr Mitglieder hat als Haßelbachs Truppe schon bei ihrer Gründung – nur, daß die DDR-Variante nicht nur gegen die Russen, sondern auch gegen die »Besatzungsmacht« Amerika ist.

Natürlich hetzt die NA gegen Ausländer und Juden, ja, diese Passagen sind radikaler und ausfallender formuliert als etwa das Parteiprogramm der rechtsradikalen Republikaner. Haßelbach kann später unterscheiden, daß nur darin der kleine Unterschied zwischen den militanten Neonazis und den REPs oder der DVU liegt.

Ansonsten wimmelt das zweiseitige »Programm« von Rechtschreib- und Zeichensetzungsfehlern. Offenbar können die jungen Deutschen nicht unbedingt stolz darauf sein, die deutsche Sprache zu beherrschen.

Kurz vor Gründung der »Nationalen Alternative« ist im Fernsehen der Film »Unsere Kinder« gezeigt worden. Riechert, Baumert und Haßelbach haben an einer Diskussionsrunde teilgenommen, die im Anschluß an den Film gesendet wurde. Ingo Haßelbach tritt in

Parteiversammlung der »Nationalen Alternative« in der Weitlingstraße; v. l. n. r.: Heiko Baumert, André Riechert (im weißen T-Shirt), Olaf Czichos, Henry Jahn, Ingo Haßelbach (in Zeitschrift blätternd), Oliver Schweigert, Mario Neumann

Bomberjacke auf und sagt zum Thema »Ausländer« nur einen Satz, der harmlos klingt. »Die sollten sich anständig benehmen.« Ansonsten hält er sich zurück.

Dazu gibt es genug Gründe. Niemand von den gutmeinenden Diskussionsteilnehmern, darunter auch der Filmemacher Roland Steiner, weiß, wie weit die jungen Rechtsradikalen schon in die militante Nazi-Szene integriert sind. Alle strömen über vor Verständnis. Natürlich hat Riechert recht, wenn er beklagt, nach

Äußerlichkeiten dürfe man einen Menschen nicht beurteilen. Sie, womit er sich und seine »Kameraden« meint, dürfe man nicht als Nazis bezeichnen. Er sei ohnehin kein Skinhead, sondern Nationalist. Und ein Westberliner Sozialarbeiter fügt kopfnickend hinzu, auch Skinheads hätten menschliche Qualitäten.

Das wird niemand bestreiten wollen. Aber Baumert, Haßelbach und auch Riechert praktizieren das, was sie noch zu Zeiten der DDR gelernt haben: Verschwiegenheit über die politischen Ziele. Keiner der drei erzählt zum Beispiel etwas über ihre Verehrung des SA-Führers Horst Wessel, von ihren Kontakten zu westdeutschen Neonazis, von den illegalen Zellen der NSDAP/AO. Alle sind ganz harmlos. Natürlich erklären sie sich bereit, sich »mit Ausländern zu treffen«.

Riechert stellt unwidersprochen in den Raum: »man muß mal über den Ärger mit denen reden«, womit er Einwanderer meint. Man müsse klarstellen, »daß nicht alle gebraucht werden«. Um die Jugend kümmere sich ohnehin niemand. Deswegen hätten er und seine Freunde eine »Initiativgruppe« gegründet, die »Nationale Alternative«. Alle nicken. Niemandem stößt das »Nationale« sauer auf. Der junge Mann sieht zwar ein bißchen verbissen aus und hat eine etwas martialische Gürtelschnalle, aber er macht sich um die Jugend verdient. Dagegen kann niemand etwas haben. Wenn die jungen Leute sich erst mit den Fremden an einen Tisch setzen, werden sich ihre Vorurteile schon abbauen. Es sind ja »unsere Kinder«. Aber da hat sich die Gesprächsrunde gewaltig getäuscht: Die jungen Leute und ihre »Freunde« sind längst kein psychologisches Problem mehr. Das zeigt sich einmal mehr in ihren illegalen Aktivitäten in den nächsten Wochen.

Doch auch auf den Straßen sind sie zunehmend zu sehen. Im Februar folgen tausend Menschen in Ostberlin einem Aufruf des »Neuen Forums« gegen eine »kapitalistische Wiedervereinigung«, wenig später demonstrieren Zehntausende gegen Sozialabbau und die »Vereinnahmung der DDR«. Mehrere linke Kleinparteien wie die neugegründeten »Nelken« wollen ein Wahlbündnis »für eine souveräne DDR« eingehen. Die Gruppe um Haßelbach ist sich einig: Würde die DDR weiterbestehen, hätten sie keine Perspektive mehr. Der Traum vom »nationalen Sozialismus« wäre ausgeträumt. Am 5. März, auf der Montagsdemonstration in Leipzig, hetzen sie gegen DDR-Bürger, die sich noch mit der Fahne mit Zirkel und Hammer auf die Straße wagen. Sie brüllen »Rotfront verrecke« und schlagen auf die DDR-treuen Demonstranten ein.

Ingo Haßelbach ist sich sicher: Sie müssen möglichst schnell Helfer und Freunde finden, die sie beim Aufbau der Bewegung im Osten unterstützen.

Schon Anfang März reist er wieder nach Westdeutschland, dieses Mal nach Fulda. Dort findet eine Versammlung von Neonazis statt, die sich um inhaftierte Gesinnungsgenossen kümmert. Kühnen, der Haßelbach eingeladen hat, will den Ostberliner möglichst an sich und seine Leute binden. Deshalb hat er Haßelbach mitteilen lassen, er solle unbedingt nach Fulda fahren. Er müsse mit ihm reden.

In Fulda nimmt Kühnen Haßelbach beiseite. Der selbsternannte »Führer« ist darüber enttäuscht, daß Haßelbach nicht gewillt ist, auch die »Deutsche Alternative« in Berlin zu organisieren, weil er zu wenig Zeit habe. Es kommt zu keiner Einigung. Kühnen will aber, daß Haßelbach weiter bearbeitet wird. Er gibt Anweisung, der Hamburger Worch solle die Sache in die Hand nehmen, um »den Kameraden aus der DDR auf den richtigen Weg zu führen«.

Haßelbach fährt nach der Veranstaltung in Fulda

Christian Worch, Mitglied der »Nationalen Liste«, wird anläßlich eines Treffens von Neonazis in Guben von der Polizei durchsucht

zusammen mit Worch nach Hamburg. »Zufällig« sitzen die beiden allein im Auto. Worch kommt bald zur Sache. Allerdings hütet er sich davor, konkrete Anweisungen zu geben, vermutlich zum Teil aus Vorsicht: Er will nicht darauf festgenagelt werden können, zu strafbaren Handlungen aufgerufen zu haben.

Worch redet zu Haßelbach also »durch die Blume«. Der Angesprochene erinnert sich aber später noch genau daran, was ihm alles vorgeschlagen wurde. Er hat das sogar schriftlich niedergelegt. Es sollen jüdische Friedhöfe geschändet werden, gegen Polen, »Zigeuner«, Russen, gegen alle »Ausländer«, die sich in der DDR niederlassen würden, sollte vorgegangen werden, ja sogar gegen die Sorben, eine slawische Minderheit, die seit Jahrhunderten in der Lausitz lebt. Und, natürlich, Propaganda gegen die Oder-Neiße-Grenze.

Haßelbach wird niemandem etwas von dieser Unterredung erzählen. Wenn ihm etwas gegen den Strich geht, schweigt er lieber, als daß er widerspricht. Er will keine Anschläge begehen oder auf unschuldige Menschen einschlagen. Daß seine »Kameraden« das tun, nimmt er jetzt noch billigend in Kauf. Er möchte sich bei den neugewonnenen »Freunden« nicht unbeliebt machen, er will dazugehören. Die militanten westdeutschen Neonazis sollen nur die Verbündeten der Ostberliner Rechten sein.

Haßelbach hofft auf Unterstützung für das, was er will. Deshalb stellt er sich gut mit jedem, der an ihm interessiert ist.

In den nächsten Wochen lernt er noch andere kennen, die in der rechtsextremistischen Szene eine Rolle spielen. Zwielichtige Personen, wie sich später herausstellen wird, als Haßelbach sich ein genaues Bild von ihnen verschaffen kann. Die wichtigste Begegnung findet wiederum in Hamburg statt.

In einer Kneipe nehmen Riechert, Baumert und Haßelbach an einer Veranstaltung teil. Chef Worch hat alles organisiert und finanziert. Der angekündigte Redner ist der Historiker David Irving. Irving wird im Saal von einer Gruppe ehemaliger SS-Männer stürmisch begrüßt.

Diese Veranstaltung wird eine Pleite, aber nur, was Haßelbach und Frank Lutz angeht. Bis jetzt haben sie sich mit dem Thema »Juden« und den Massenmorden in den deutschen Konzentrationslagern noch nicht viel beschäftigt. Gleich die Einleitung des Vortrags stößt ihnen sauer auf. Irving behauptet, Hitler hätte von allem nichts gewußt. Außerdem seien in Auschwitz und anderen Konzentrationslagern keine Juden vergast worden. Irving beruft sich auf einen Bericht eines US-Amerikaners, Fred Leuchter, der das alles nachgewiesen hätte.

Haßelbach und Lutz verlassen nach zehn Minuten die Veranstaltung. Frank Lutz hält ohnehin nicht viel davon, jemandem über längere Zeit zuzuhören, und Haßelbach denkt zu diesem Zeitpunkt noch, Irving hätte »nicht alle Tassen im Schrank«. Das wird sich aber bald ändern.

5

Am Abend des 20. April 1990 sitzt Ingo Haßelbach mit seinen Freunden in einem Haus in der Lichtenberger Weitlingstraße. Sie sind ausnehmend guter Stimmung. Das hat seine Vorgeschichte.

Haßelbach und seine Kameraden hatten etwas getan, was bisher immer ein Privileg »der Linken« gewesen war. Sie hatten vor einigen Wochen ein leerstehendes Haus besetzt, in der Türrschmidtstraße, ebenfalls in ihrem Lichtenberger Kiez. Dort war Kühnen eines Tages aufgetaucht, hatte ihnen ein paar Ratschläge gegeben und ihnen seine Westberliner Gesinnungsgenossen empfohlen. Die würden dabei helfen, daß die Lichtenberger einen Mietvertrag bekämen. Zusammen heckten sie einen Plan aus, wie das Haus zu einem Operationszentrum der rechtsradikalen Szene ausgebaut werden könnte, ohne daß die Öffentlichkeit groß etwas davon erfahren würde.

Ingo Haßelbach und Heiko Baumert stellten sich daraufhin bei dem damals noch »Volkseigenen Betrieb Kommunale Wohnungsverwaltung« vor – als »Bürgerinitiative Wohnraumsanierung (WOSAN)«. Die betreffenden Herren freuten sich, daß fleißige junge Leute sich eines der verfallenden Häuser ihres Bezirks annehmen wollten. Sie schlugen vor, statt des gerade besetzten Gebäudes doch mit einem anderen vorliebzunehmen, nämlich mit dem Eckhaus in der Weitlingstraße.

Die Verhandlungspartner trafen eine schriftliche

Vereinbarung, daß nach Abschluß der Bauarbeiten mit einem Mietvertrag zu rechnen sei, vorausgesetzt, eine Liste der zukünftigen Mieter würde nachgereicht. »Herr Haßelbach« sollte sich wöchentlich melden, um über den Stand der Dinge zu berichten.

Ich frage mich, während ich dies niederschreibe, ob die Herren von der Verwaltung wirklich so ahnungslos waren und nicht sahen, wer da vor ihnen stand? Ich frage mich dies auch angesichts anderer, nicht mit dem »Fall Haßelbach« unmittelbar in Zusammenhang stehender Vorgänge; etwa in Fulda, wo Polizeibeamte – skandalös und peinlich – einen Aufmarsch von Neonazis nicht nur genehmigten, sondern auch noch logistisch mit absichern halfen, wo Gegendemonstranten am Betreten der Stadt gehindert wurden. Wieso fallen staatliche Instanzen auf so etwas herein? Ist der Blick auf den rechten Rand der Bundesrepublik in Teilen der Bevölkerung schon wieder mit »abwartender Sympathie« gepaart? Und wenn ja, wie soll ein weiteres Anwachsen des Rechtsradikalismus vor einem solchen Hintergrund verhindert werden ...?

Die schriftliche Vereinbarung zwischen den Lichtenberger Vermietern und den dort ansässigen Neonazis ist jedenfalls am Morgen des 20. April unterzeichnet worden. Ingo Haßelbach hat seinen Namen, aber dieses Mal mit »ß« geschrieben, unter das Dokument gesetzt. Heute, am Abend, soll der Abschluß des Mietvertrages gefeiert werden.

Es wird ihnen aber nicht gelingen, sich in ihrem Hauptquartier »gemütlich« einzurichten. Noch am Tag der Unterzeichnung gibt es eine für sie folgenreiche Randale.

Am frühen Nachmittag findet ein Fußballspiel zweier DDR-Vereine statt. Natürlich gibt es nach dem

Spiel Zoff. Die Hooligans sind vom Stadion ins Ostberliner Zentrum gefahren. Nichts Ungewöhnliches, doch weniger üblich ist, daß sie dort, mitten auf dem Alexanderplatz, mit dem Hitlergruß posieren. Vor dem grölenden Mob laufen Polizisten mit Hunden auf und ab. Sie greifen nicht ein. Am Rande des Geschehens stehen die Anführer der Meute, dezent maskiert mit den üblichen dunklen Sonnenbrillen, und amüsieren sich.

Für die anwesenden Pressevertreter ist die anschließende Massenkeilerei ein unentwirrbares Durcheinander, und wer zwischen die Fronten gerät, soweit solche erkennbar sind, muß Kamera und sonstige Ausrüstungsgegenstände vor den wütenden Attacken fäusteschwingender junger Männer schützen. Niemand weiß, wer wen warum prügelt. Rechtsradikale machen Jagd auf dunkelhäutige Passanten, mindestens 100 Hooligans formieren sich wie auf höheren Befehl zu einem Hakenkreuz, aber die Hooligans schlagen sich anschließend auch mit den Neonazis.

Alles scheint in der untergehenden DDR erlaubt und möglich, sogar auf dem Berliner Alex. Die Polizei erweckt seit langem den Eindruck, gegen rechtsradikale Provokationen nicht einzugreifen. Die Presse hat in den vergangenen Wochen häufig darüber berichtet, daß die zuständigen Behörden oft nicht wüßten, mit wem sie es zu tun haben. Der Pressesprecher des noch existierenden »Amtes für Nationale Sicherheit« gibt zu, der »Kampf gegen Neofaschismus« sei auch deswegen schwierig, weil alle Akten über verfassungsfeindliche Aktionen versiegelt würden und deshalb nicht zugänglich wären. Die Anführer der Neonazis aus dem Westen, die den DDR-Rechtsradikalen »logistische Hilfe« leisteten, könnten noch nicht einmal observiert werden. Der PDS-Vorsitzende Gregor Gysi sagt, das

Auftakt für die Randale auf dem Alexanderplatz: der 101. Geburtstag Hitlers

Land brauche wieder »staatliche Autorität«. Sonst seien die Rechtsextremisten nicht aufzuhalten. Die Bevölkerung erwarte ein »rechtsstaatliches, demokratisches, aber entschiedenes Handeln unserer Sicherheitsorgane«. Doch es geschieht nichts im Lande. Niemand scheint sich verantwortlich zu fühlen.

Die nicht eben sehr zielgerichtet ermittelnden

Beamten der Berliner Polizei sind der Meinung, die Randale auf dem Alex müsse organisiert worden sein. Doch der Haufen der Hooligans war zu diffus, als daß man einzelne hätte fassen können. Deshalb konzentrieren sich die Beamten zunächst nur auf beobachtende Fahndung; in ihrem Blick liegt das Hauptquartier der Rechtsextremisten. Das soll sich – dem Vernehmen nach – in der Weitlingstraße 122 im Ostberliner Bezirk Lichtenberg befinden. Dort sind, soweit ist man schon informiert, bekannte Neonazis aus dem Westen gesehen worden.

Die Beamten vermuten richtig. Zu den Besuchern gehörte Gottfried Heinrich Küssel aus Wien, nach eigener Aussage »bekennender Nationalsozialist«, das heißt: Er macht keinen Hehl daraus, daß er Hitler und dessen »Weltanschauung« verehrt. Küssel ist gut dreißig, etwas dicklich und kann wie ein Wasserfall reden, auch wenn er nichts damit sagt. Selbst beim bundesdeutschen Verfassungsschutz sind sein »arrogantes Auftreten und seine Phrasendrescherei« bekannt. Er war mit mehreren »Kameraden« aus Österreich angereist, um den Ostberlinern zu helfen. Er hat sich beliebt gemacht, weil er allerhand für das Haus organisierte.

Jeder weiß, daß Küssel ultrarechts ist, aber zu diesem Zeitpunkt hat er noch nicht zu erkennen gegeben, daß er in der illegalen NSDAP/AO organisiert ist. Er spricht davon, daß er in Österreich eine Organisation anführe, die »Volkstreue Außerparlamentarische Opposition« hieße.

Haßelbach weiß das, aber er kennt ihn nicht näher. Er spürte nur, daß er mit Küssel noch allerhand Ärger haben würde. Der Wiener spielte sich nämlich gleich als Chef auf. Damit eckte er bei den Ostberlinern an. Die nämlich haben sich auf eine Arbeitsteilung geeinigt: Frank Lutz wird der Parteichef der »Nationalen

Gottfried Küssel, der »markige« Neonazi aus Wien ...
Neben ihm Thomas Brehl, ein Vertrauter Michael Kühnens

Alternative« sein, weil er nichts lieber macht, als anderen Befehle zu geben. Ingo Haßelbach spielt den »Hausführer« in der Weitlingstraße, weil er umgänglicher ist und gut mit Jugendlichen kann.

Küssel jedoch gibt in der Weitlingstraße sofort und bei jeder Gelegenheit Anweisungen an Jüngere, die nur aus Neugier hierhergekommen sind, spricht davon, einen Dienstplan aufzustellen und weiß ohnehin immer alles besser. Offenbar ist er nicht auf Anweisung Kühnens oder eines sonstigen Möchtegernführers nach Berlin gekommen, sondern weil er nichts anderes zu tun hat. Vor Ärger über die Vorliebe des Österreichers Küssel für Dienstpläne und Disziplin hat ihm einer der Ostberliner in der Nacht vorher ein Schild auf die Tür gepappt mit der Aufschrift »Ausländer raus«.

Mit Küssel kam Günter Reinthaler, der ein paar Jahre jünger ist und sich gleich als »Gauleiter« von Salzburg aufspielte. Reinthaler hat einen verkrüppelten Arm und erzählt, das sei von einem Autounfall gekommen. Er trägt einen in rechtsradikalen Kreisen unüblichen Pferdeschwanz und wird ständig von einem Hund begleitet. Reinthaler wird später der größte Gegner und Intimfeind Haßelbachs werden.

Mittlerweile hat sich auch ein Westberliner in der Weitlingstraße eingenistet, Oliver Schweigert, der gerade die Zwanzig erreicht hat. Der trägt häufig einen Oberlippenbart nach dem Vorbild Hitlers. Schweigert ist nicht besonders helle, hat aber eine lange Karriere als Neonazi hinter sich. Er ist überall dabei, deshalb bekannt und wird in der militanten Szene für wichtig gehalten. Warum er ständig gegen Ausländer hetzt, hat wohl weniger politische als private Gründe. In der Szene wird erzählt, seine Mutter habe sich mit einem Araber zusammengetan, der jetzt wegen eines Bankraubs im Gefängnis säße und seinen Stiefsohn nicht besonders nett behandelt habe.

Der Vierte im Bunde ist Eckehard Weil, ein Mann um die Vierzig mit einem gepflegten Bart. Weil hat viele Jahre wegen diverser Bombenanschläge gegen jüdische Einrichtungen im Gefängnis gesessen und leidet an einer Art Verfolgungswahn. Das hat auch reale Gründe. Nachdem er Mitte der 70er Jahre in Berlin wegen mehrerer schwerer Straftaten, unter anderem Brandstiftung und Körperverletzung, verurteilt

Rechts: Günter Reinthaler, der »Gauleiter von Salzburg«. Links: Ein Chef aus Wilhelmshaven – Torsten Schönrock, Funktionär der »Deutschen Alternative«

worden war, setzte er sich während eines Hafturlaubs nach Österreich ab. Als die dortige Polizei zufällig einen bekannten rechtsextremistischen Parteiführer im Visier hatte – bei dem Weil untergeschlüpft war –, versuchte der, sich bei den Beamten lieb Kind zu machen. Er behauptete, seine »Kameraden« hätten gerade einen »Ostagenten« gefangen. Der »Ostagent« – es war Weil – ahnte nichts davon, daß ihn die eigenen Genossen verraten hatten, und tappte blind in eine Falle der Polizei. Er schwieg zwar eisern bei den Vernehmungen, doch traute er seitdem niemandem mehr.

Haßelbach hat mit Weil noch keine Probleme. Als er erfährt, daß Weil Terrorist ist, der mit Sprengstoff umgehen kann und diese Kenntnisse gern weitergibt, denkt Haßelbach, so ein Mann könnte nicht schaden, falls die »Autonomen« mit Gewalt gegen sie vorgingen.

So weit, so gut. Doch noch bevor die Hooligan-Randale auf dem Alex für sie »polizeiliche« Folgen hat, gibt es – noch am gleichen Tag – Ärger mit den braunen Wessis. Die wollen, daß heute, am 20. April, Hitlers Geburtstag gefeiert wird. Die Ostberliner aber haben etwas anderes vor. Sie freuen sich über ihren Mietvertrag, daß sie endlich ein ganzes Haus für sich allein haben. Es kommt zum ersten Streit.

Er wird lautstark geführt. Die Rechtsradikalen aus Ostberlin einigen sich schließlich intern darauf, sich nicht vorschreiben zu lassen, was sie zu tun hätten. Und sie beschließen, »auf Distanz« zu gehen.

Wie sich in den nächsten Wochen aber zeigt, sind sie auf die aus dem Westen angewiesen, weil die sich mit dem Behördenkram, der auf die Ostberliner zukommt, besser auskennen. Außerdem findet man wieder zusammen, als die West-Nazis, vor allem Gottfried Küssel, beginnen, die »Kameraden« aus der DDR erst einmal zu schulen. Sie drängen darauf, »Kameradschaftsabende« abzuhalten. Die zukünftigen »Kader« aus dem Osten sollen möglichst bald mit dem richtigen Propagandamaterial vertraut gemacht werden, damit aus ihnen »bekennende Nationalsozialisten« im Sinne Gottfried Heinrich Küssels werden. Vorübergehend zieht Ruhe ein in der Weitlingstraße ...

Im Mai aber schlagen Staatsschutz und Volkspolizei zu. Die Polizei hat die Weitlingstraße observiert. Sie vermutet zu Recht, dort seien die Anstifter für die sich häufenden Aktionen mit neonazistischem Hintergrund zu finden. Ein schwerbewaffnetes Einsatzkommando stürmt das Haus in Lichtenberg. Der Polizei fällt »ein beachtliches Waffenarsenal« in die Hände, wie es in einer Pressemitteilung heißt, neben diversen Schlaginstrumenten sind das Luftdruckpistolen und Reizgaswaffen. Vier Rechtsradikale werden verhaftet: Ingo Haßelbach, Frank Lutz, Alexander Dietze und André Riechert.

Die Polizei ist zwar auf alles vorbereitet gewesen und tritt sogar mit schußsicheren Westen auf, begegnet aber keinem Widerstand. Die Beamten übersehen bei der Durchsuchung leider das Wesentliche: Im Keller des Hauses, in Ölpapier und unter Steinen verborgen, liegen zwei Panzerfäuste mit jeweils zwei Schuß Munition. Ich habe Glück, daß ich bei meinem ersten Besuch in der Weitlingstraße – nur einige Tage nach der Polizeiaktion – nicht in den Keller gegangen bin. Haßelbach sagt mir später, daß ich dort nicht mehr herausgekommen wäre, falls ich die russischen Bazookas dort entdeckt hätte.

Die anderen scharfen Waffen, darunter drei noch funktionierende Wehrmachtspistolen und eine Kalaschnikow, sind – als hätten die stolzen Besitzer es geahnt – kurz vor dem Sturm in ein parkendes Auto gebracht worden. Der Wagen steht direkt vor dem Haus, während die Beamten die beschlagnahmten Materialien abtransportieren. Eckehard Weil, der Bombenleger, auf den die Kriminalpolizei besonders scharf ist, hat eine Stunde vor dem Sturm das Haus verlassen. Er hat einen guten »Riecher« für bevorstehende Polizeiaktionen.

Ingo Haßelbach während einer Besprechung in der Weitlingstraße; neben ihm Andreas Hackmann, Chef der WOSAN

Um so mehr Informationen erhalten die Beamten von den vier Festgenommenen. Es ist zwar strenge Einzelhaft verordnet, aber Haßelbach und Lutz gelingt es trotzdem, sich dahingehend zu verabreden, daß sie »auspacken« werden. Die Gründe für diese Offenherzigkeit liegen ziemlich nah: Beide sind noch nicht lange in Freiheit und haben die Zeit im Gefängnis in denkbar schlechter Erinnerung. Auch wissen sie nicht, wie lange die DDR und damit ihr Rechtsgefüge noch existieren wird. Die vernehmenden Beamten ahnen wiederum, daß sie mit dieser offenen Frage Druck ausüben können. Wegen des vorgefundenen neofaschistischen Propagandamaterials könnte der Paragraph »Öffentliche Herabwürdigung« zutreffen, hier sogar »in einem besonders schweren Fall«, vergleichbar mit der bundesdeutschen »Volksverhetzung«. Das könnte den Neonazis vier oder fünf Jahre Gefängnis einbringen.

Die Experten der Berliner Kriminalpolizei, die nach der Säuberung ihrer Abteilung von den stalinistischen Hardlinern übriggeblieben sind, kennen ihre Pappenheimer. Sie lassen diskret durchblicken, daß ihnen auch noch andere Paragraphen einfallen könnten, zum Beispiel »staatsfeindliche Hetze« oder der Vorwurf, »revanchistisches Material der Öffentlichkeit zugänglich gemacht zu haben«. Unter sechs Jahren Knast sei da nichts zu machen.

Frank Lutz, Alexander Dietze und Ingo Haßelbach beginnen zu »singen«. Die vernehmenden Beamten erfahren alles, was sie über Personen und Verbindungen innerhalb der Nazi-Szene wissen wollen. Die Protokolle gelangen kurz darauf... in die Hände von antifaschistischen Gruppen, die sie der Öffentlichkeit zugänglich machen.

Ingo Haßelbach überrascht die vernehmenden Kripobeamten mit der Mitteilung, daß er aus der Szene aussteigen wolle. Er schreibt an den Generalstaatsanwalt, daß er sich mit seinen Aussagen »in eine sehr große Gefahr begebe«: »So einfach kommt man nicht aus der Szene.« Er habe bis jetzt »rigoros alles ausgesagt« und sich damit belastet. Natürlich will er sich zu diesem Zeitpunkt nicht von den Nazis distanzieren. Er hat nur Angst, wieder für Jahre im Knast zu verschwinden, und lügt dem »Untersuchungsorgan« vor, daß er genug von seinen »Kameraden« habe.

Auch dieser Brief gelangt an die Öffentlichkeit: Es ist möglich, daß jemand bei der Staatsanwaltschaft glaubt, durch die Weitergabe des Schreibens an antifaschistische Organisationen ein wenig Sand ins Getriebe der Neonazis zu streuen. Vielleicht auch hofft man, daß die sich untereinander so über die »Verräter« zerstreiten, daß sie geschwächt würden und zu Aktionen vorerst nicht mehr in der Lage wären.

Das Schreiben, das auch bald zu den Rechtsextremisten gelangt, hat weitreichende Konsequenzen für Ingo Haßelbach. Er bekommt sie drei Jahre später zu spüren: Die antifaschistischen Gruppen werden ihm seinen »echten« Ausstieg nicht glauben und bei seinen Ankündigungen, er werde sich von der rechten Szene distanzieren, auf den offenkundig gelogenen Brief verweisen.

Zum anderen bekommen Haßelbach und Frank Lutz von ihren eigenen Leuten Ärger, vor allem, weil Alexander Dietze nach der Haftentlassung seine Aussage widerruft und sich außerdem herausstellt, daß Riechert eisern geschwiegen hat. Gottfried Küssel schreibt einen Rundbrief an 30 Nazi-Anführer Deutschlands. Darin heißt es, »die Grenzen des guten Geschmacks seien bei weitem überschritten«, das Protokoll der Aussagen sei gefälscht oder, wenn nicht, müsse mit dem nötigen »Feingefühl« reagiert werden. Und, in Küssels verquastem Deutsch: »Bitte unserem Vorgehen die entsprechende Wichtigkeit zuzuordnen.«

Christian Worch, der Chef aus Hamburg, dem die schriftlichen Äußerungen Haßelbachs auch vorliegen, hält das Problem für wichtig. Er sieht seine Felle davonschwimmen: Er hatte das Glück, unmittelbar nach der »Wende« als erster mit den DDR-Rechtsextremisten in Kontakt gekommen zu sein. Wenn die sich nun verselbständigten, würde auch er an Einfluß in der Szene verlieren. Aber nur wer die meisten Mitstreiter hinter sich vereinigen kann, darf den Anspruch erheben, ein »Führer der Bewegung« zu sein. Nichts lieber als das möchte Worch. Wenn Haßelbach ausgestoßen würde, wie Küssel es offenbar will, weiß Worch genau, daß mit ihm viele der Ostberliner Rechtsextremisten gehen werden. Noch sind, bis auf einige Ausnahmen, die DDR-Bürger nicht so fest eingebunden, daß sie jeden Unsinn glauben, der von westdeutschen Nazis erzählt wird.

Worch schreibt daher seinerseits einen Brief: Haßelbachs »Vorgehen ist etwas, das man ohne große Beschönigung als Verrat bezeichnen könnte«. Er meint: »Verräter verfallen der Feme.« Die werde »aus verschiedenen Gründen aber nicht mehr« praktiziert, aber es sei eine gewissermaßen natürliche Reaktion, zu meinen, daß so ein Mann in der militanten Szene nichts mehr zu suchen habe ... Soweit schlägt er in die bekannte Kerbe. Und dann erinnert Worch an einen Vertrauten Michael Kühnens, der seit sieben Jahren im Gefängnis sitze und »nur noch ein Schatten seiner selbst« sei. Der Mann, ehemaliger Kreisvorsitzender der NPD von Schleswig, hatte 1978 ein NATO-Depot in Bergen-Hohne überfallen und vier Maschinenpistolen erbeutet. Ein Jahr später wurde er wegen Bildung einer terroristischen Vereinigung und anderer Delikte zu einer langjährigen Haftstrafe verurteilt. Auch er, ein brutaler Schläger, habe bei der Vernehmung durch die Polizei alles ausgesagt, was er wußte.

Worch führt noch andere Fälle an, die zeigen, daß die meisten Nazis bei Androhung empfindlicher Freiheitsstrafen gerne plaudern. Er schmückt den Brief mit Bibel- und vor allem mit seinen eigenen Zitaten und sagt zum Schluß, sein Vertrauen in Haßelbach sei »geringer geworden«, vor allem aber, weil dieser nach seiner Entlassung nicht gleich mit der Sprache herausgerückt sei.

Dieses Rundschreiben beruhigt die aufgeregten Neonazis.

Solche Querelen und »undichten Stellen« sollen aber in Zukunft vermieden werden. Dazu müssen die Ossis noch mehr geschult werden. Worch empfiehlt, dementsprechendes Material zu beschaffen. Die künftigen »Kader« der neonazistischen Bewegung, zu denen auch Haßelbach gehören soll, werden sich mit dem Nationalsozialismus und dem Eckpunkt neofaschistischer Propaganda beschäftigen: der sogenannten »Auschwitz-Lüge«.

Als Ingo Haßelbach das hinter sich hat, fühlt er sich als überzeugter Nationalsozialist. Über diese ominösen Schulungen will ich mehr wissen.

6

Haßelbach hat lange Zeit die Verbrechen der deutschen Nationalsozialisten für das genommen, was sie sind, nämlich als allgemein bekannte historische Tatsachen. Trotzdem fand er nichts dabei, seine wirren Vorstellungen vom »nationalen Sozialismus« mit den Attributen des Dritten Reichs zu versehen. Doch je länger er Kontakt mit westdeutschen Nazis hatte und je mehr Schulungen er in diesen Kreisen besuchte, um so mehr begann er an dem zu zweifeln, was er glaubte über die Hitlerzeit zu wissen. Und ganz gewiß hat auch die generelle Ablehnung alles dessen, was zur DDR-Ideologie gehörte, dazu beigetragen.

Diese Zweifel verfestigten sich, als Haßelbach sich »wissenschaftliches« Material von anderen Nazis schicken ließ, Bücher und Videos, die sich mit Auschwitz und den übrigen Konzentrationslagern beschäftigten. Bei »Kameradschaftsabenden« sahen sich er und seine Freunde einen Film zum sogenannten »Leuchter-Report« an, der in Nazi-Kreisen als »Beleg« für die Leugnung des Holocausts gilt.

Die Nazis im Westen wußten schon immer, wo ihre Propaganda ansetzen mußte. Es war klar: Die in den Gaskammern begangenen Verbrechen waren die schwerwiegendsten Beschuldigungen, die gegen die NS-Größen von einst und ihre Ideologie vorgebracht werden können. Wenn aber der fabrikmäßige Massenmord an Juden unter Hitler geleugnet oder verharmlost würde, und wenn man damit bei ahnungslosen

Jugendlichen Erfolg hätte, könnte der »Rest«, etwa die Frage nach der Kriegsschuld und den Verbrechen der Deutschen an den Kriegsfronten, mit Erfolg verdrängt werden.

Bei Diskussionen fielen Namen von »Wissenschaftlern«, von denen er, Haßelbach, vorher nie etwas gehört hatte. Die würden, behaupteten Worch und Küssel, die Meinung der Rechtsradikalen bestätigen.

Und so dachte er fortan, ganz falsch könne das, was die westdeutschen »Kameraden« da behaupten, doch nicht sein. Nachdem Haßelbach viele andere Materialien gelesen hat, die der Münchener Nazi Bela Althans schickte, nähert auch er sich weitgehend der Meinung: Die behaupteten Massenmorde von Auschwitz sind eine Lüge. Was Haßelbach las, stammte fast ausnahmslos von einem Ernst Zündel, einem in Kanada lebendem Rechtsradikalen, und es überzeugte ihn so sehr, daß er geradezu ein »Fan« dieses Mannes wurde. Der trage immer einen Helm, erzählt Haßelbach, weil so viele Leute wegen seiner Ansichten auf ihn einschlügen, natürlich nur mit Worten. Er, Haßelbach, habe sich sogar ein Poster Ernst Zündels in die Wohnung gehängt. – Ich kann mich erinnern ...

Ingo Haßelbach hat bei seinem Ausstieg nicht alles Schulungsmaterial der Neonazis verbrannt oder in den Müll geworfen, sondern einiges aufgehoben, darunter die Videos. Bevor wir uns das nächstemal zum Gespräch treffen, sehe ich mir eines der Videos an, die Haßelbach mir überlassen hat. Er will sie nicht wiederhaben. Aber es würde ihn interessieren, was ich über sie zu sagen hätte. Immerhin hat auch er junge Rechtsradikale und solche, die es werden wollten, mit den Filmen geschult und »auf Linie getrimmt«.

Als überzeugter Gegner des Dauerfernsehens besitze ich keinen Recorder. Also leihe ich mir einen aus und werfe die Kassette ein. Das erste Video ist ein wenig dilettantisch gemacht. Der Kameramann zappelt herum, und ab und zu schwenkt der unscharfe Kopf eines Zuschauers vor die Linse. Die Beteiligten, die zu sehen sind, sprechen manchmal zu laut und manchmal zu leise, und wenn jemand hustet, wackelt die Kamera. Thema des Films: Ein Presseinformationsabend in einem Münchner Hotel im November 1991 zu einem Prozeß gegen jenen Favoriten Haßelbachs.

Zündel ist, wie auch schon in Kanada, jetzt in Deutschland angeklagt, die Massentötung der Juden in den Konzentrationslagern der Nazis zu leugnen. Das ist nach deutschem Recht strafbar, weil es die Überlebenden und Opfer beleidigt und diffamiert. Das Video selbst, mit altdeutscher Schrift betitelt: »Der Zündel-Prozeß«, ist seit mehreren Jahren in der rechtsextremistischen Szene verbreitet, genauso wie der vom US-Amerikaner Fred Leuchter verfaßte »Report« über das Konzentrationslager Auschwitz.

Dieser Fred Leuchter ist ebenfalls mit von der Partie in München, er sitzt rechts im Bild, blickt verschämt und blinzelt durch die dicken Gläser seiner Brille. Ernst Zündel steht vorn, aber ausnahmsweise ohne Helm, neben ihm der Hamburger Nazi und Rechtsanwalt Jürgen Rieger, ferner der Möchtegern-Yuppie Bela Ewald Althans, der Zögling Zündels aus München. Obwohl als Pressekonferenz bezeichnet, besteht das Publikum weniger aus Pressevertretern, dafür um so mehr aus Alt- und Jungnazis. Sie bemühen sich, mangels öffentlichen Interesses für die Veranstaltung, Fragen an die Vortragenden zu stellen, die irgendwie fachmännisch interessiert klingen sollen.

Man kann mit überzeugten Neonazis über den Holocaust nicht reden. Ich habe es in den vergangenen Jahren mehrfach erfahren: Wer etwas nicht glauben will, läßt sich auch durch Argumente nicht überzeugen. Um so wichtiger ist es, allen, die den Holocaust an den Juden bislang – auch ohne »detaillierte Kenntnisse« – für sich als historisch wahr begriffen haben, genaueres darüber zu sagen – und vor allem über die Versuche der Neonazis, die »Lüge von Auschwitz« zu »beweisen«. Denn wer vielleicht im Geschichts- oder Chemieunterricht bisweilen nicht genügend aufgepaßt hat, könnte durch den ominösen »Leuchter-Report« durchaus verunsichert werden. Und es kommt hinzu: Der »Leuchter-Report« und andere Veröffentlichungen aus der rechtsextremistischen Szene sind nicht immer und durchweg grober Unfug, sondern sie vermengen geschickt Teilwahrheiten und Lügen, um den Eindruck zu erwecken, es handele sich um ernstzunehmende wissenschaftliche Erkenntnisse.

Nun setzt das Video selbst die angebliche Qualifikation Leuchters als Verfasser seines Reports als selbstverständlich und unstrittig voraus. Der Rechtsanwalt Jürgen Rieger demonstriert deshalb lediglich, was Nazis ohnehin schon zu wissen meinen, an einem Modell des Konzentrationslagers Auschwitz. Rieger »paßt« sich gut ein in die Szene: Er hat schon vor Jahren behauptet, das Massaker der Deutschen an den Juden des Warschauer Gettos sei »notwendig« gewesen, weil sonst in Warschau »die Ausbreitung von Seuchen zu befürchten« war. Ganz klar also, wes Geistes Kind der Rechtsanwalt der Nazis ist.

Die Herren im Schulungsfilm aber bemühen sich, zu zeigen, daß sie ihren »Kampf gegen die Auschwitzlüge« fortführen. Angeblich müßte die Welt nur die Forschungen Leuchters zur Kenntnis nehmen, dann würde sich erweisen, daß sie recht hätten. Das war es auch schon, damit endet das »Schulungsvideo«.

Frank Lutz und Heiko Baumert, so erzählt Haßelbach, seien von Filmen dieser Art, von denen es mehrere gebe, so beeindruckt gewesen, daß für sie das Thema Holocaust erledigt gewesen sei, ein für allemal. Sie hätten den »Leuchter-Report« gar nicht erst im Original lesen oder gar im Detail verstehen müssen. Vergasungen hätte es nicht gegeben, basta. Er selbst aber wollte mehr wissen.

1988 wurde Fred Leuchter, der in Amerika angeblich als Spezialist für die Errichtung von Gaskammern galt, vom Chefideologen Zündel anläßlich seiner Prozesse mit mehreren Begleitpersonen nach Auschwitz geschickt. Leuchter sollte dort, im Konzentrationslager, fünf Tage lang »Untersuchungen« vornehmen, die die Richtigkeit der Neonazi-These beweisen sollten.

Um welche Art von Spezialisten es sich bei Fred Leuchter handelt, stellte sich nach dessen Rückkehr bei der Vernehmung durch das Gericht in Toronto heraus. Fred Leuchter war und ist, anders als er von sich behauptet, kein Ingenieur, wenn auch die Neonazis ihn in der Hierarchie der wissenschaftlichen Titel immer höher klimmen lassen.

Auch Ingo Haßelbach hatte immer von »dem Ingenieur« geredet. Aber erst nach seinem Ausstieg, als er wieder bereit war, auch die »Argumente der Gegenseite« zu hören, bekam er Informationen darüber, wer Leuchter in Wirklichkeit ist: zunächst einmal ein Mann, der eine merkwürdige Vorliebe für Hinrichtungsanlagen hat. Dieses Hobby geht so weit, daß er in seinem Wohnzimmer einen elektrischen Stuhl aufgebaut hat, um es sich immer recht gemütlich machen zu können. Als das Gericht ihn zur Person vernahm, wurde klar, daß er sich den Titel »Ingenieur« selbst zugelegt hatte.

Es ergab sich folgender Dialog zwischen dem Richter und Fred Leuchter:

- Wie viele Stunden haben Sie in diese Arbeit (gemeint ist der »Report«) gesteckt, bevor Sie nach Europa gingen?
- Äh, vielleicht 50 oder 60 Stunden.
- 50 oder 60 Stunden. Würden Sie mir zustimmen, daß Sie in Chemie keine Ausbildung besitzen?
- Nicht ganz.
- Also, welche haben Sie?
- Ich habe auf Collegeniveau Grundlagen der Chemie gelernt.
- Grundlagen der Chemie auf Collegeniveau?
- Ja. Ich bin sicher kein Chemiker.
- Haben Sie sich auf Universitätsniveau mit Toxikologie beschäftigt?
- Nein.
- Halten Sie sich für einen Toxikologen?
- Nein.
- Sind Sie Physiker?
- Ich habe Physik studiert.
- Welche Ausbildung haben Sie in Physik?
- Ich habe im College Physik gelernt.
- Gut. Halten Sie sich für einen Physiker?
- Nein.
- Welchen Ingenieurstitel haben Sie?
- Ich bin Magister phil.
- Ist das eine Ingenieursausbildung?
- Es ist keine Ingenieursausbildung, aber ich brauche für meine Arbeit auch keine.

Es stellte sich heraus: Die einzige berufliche Qualifikation Fred Leuchters bestand darin, daß er das Gas und die Materialien für die Gaskammern in den Gefängnissen liefern und damit hantieren durfte. Angesichts dieser eingehenden Befragung zur Person wurde der ominöse »Report« vor Gericht nicht als Beweismittel zugelassen. Begründung: Der vorgebliche Ingenieur habe »keinerlei Fachkenntnisse«.

Der »Kronzeuge« der Neonazis zur Leugnung des Holocausts ist also, zurückhaltend ausgedrückt, eine etwas windige Figur. Die Angelegenheit wird noch lächerlicher, wenn man die Broschüre »Der Leuchter-Report« selbst ein wenig genauer unter die Lupe nimmt. Die wichtigste Tätigkeit von Leuchter bei seinem Besuch in Auschwitz war, auch das ist penibel im Schulungsvideo dokumentiert, an den Wänden der Gebäude herumzukratzen. Die entnommenen Gesteinsproben hat er dann in den USA analysieren lassen. Leuchter wollte feststellen, ob sich noch Rückstände des für die »angebliche« Ermordung der Juden benutzten Gases Cyanwasserstoff – umgangssprachlich: Blausäure – finden ließen.

Leuchter und seine Nachbeter gingen davon aus, daß das Cyanwasserstoffgas mit dem eisenhaltigen Mauerwerk der Gebäude reagierte. Dabei sei angeblich das Salz der Blausäure, Cyanid, entstanden, was nachgewiesen werden könnte.

Ingo Haßelbach erzählte mir, daß kaum jemand den komplizierten Firlefanz verstanden habe, der in dem Report stünde. Aber gerade weil alles so schwierig und wissenschaftlich aussehe und sogar die Originalbaupläne von Konzentrationslagern darin wiedergegeben seien, wären die meisten jugendlichen Rechten sehr beeindruckt gewesen.

Die »Pointe« des »Reports« ist: Die Proben, die Leuchter von den Wänden der Gaskammern entnommen hat, enthielten weniger Blausäure als diejenigen aus einem Raum, der tatsächlich nur zur Entlausung, aber nicht zur Ermordung der Juden gedient habe. Deshalb meint Leuchter beweisen zu können, daß die als Gaskammern bezeichneten Gebäude nie als solche verwendet worden seien.

Diese These ist gleich in mehrfacher Hinsicht grober Unfug. Es ist äußerst unwahrscheinlich, daß sich nach mehreren Jahrzehnten Spuren von Blausäure nennenswert überhaupt noch nachweisen lassen, und schon gar nicht im Verputz, an dem Leuchter gemäß Videoaufzeichnungen herumhantierte, sondern wenn, dann höchstens im Mauerwerk selbst und nur in winzigen Mengen. Feuchtigkeit und andere Witterungseinflüsse lösen den Stoff nachweislich auf.

Merkwürdigerweise enthalten aber einige der Proben, die Leuchter irgendwo abgekratzt hat, einen vergleichsweise sehr hohen Anteil des Cyanids. Eines der »Kontrollmuster« aus den Desinfektionsräumen, die unbestritten nicht als Gaskammern gedient haben, besagt, daß die Mauer zu 0,1 Prozent aus diesem Stoff bestehe. Das ist entweder ein schlichter Analysefehler, was bei der chaotischen Vorgehensweise Leuchters kein Wunder wäre, oder ein Beleg dafür, was Leuchter in der Tat gefunden hat und untersuchen ließ: nämlich Reste einer Wandfarbe – das sogenannte Berlinerblau, ein in Auschwitz häufig verwendeter Anstrich –, die dieses Cyanit enthielt. Also: Man darf die »Untersuchungen« über angebliche »Reste von Blausäure« in den Wänden des KZs von Auschwitz für das halten, was sie sind, nämlich Mumpitz.

Doch selbst ein leibhaftiger Bundesjustizminister hat sich von dem pseudowissenschaftlichen Machwerk hinters Licht führen lassen. Der »Leuchter-Report« wurde im Jahr 1990 von einem »spendablen Bürger« dem Bundesjustizministerium – allerdings unverlangt – zugeschickt. Das zuständige Referat prüfte und befand, »eine strafrechtliche Bewertung« stehe »Bonn nicht zu«. Im Antwortschreiben der Behörde an den unbekannt gebliebenen Bürger findet sich der Satz: »Bei dem Gutachten von Fred Leuchter handelt es sich um eine wissenschaftliche Untersuchung.« Dieser Satz wurde bald in allen neofaschistischen Broschüren zitiert. Erst nach Recherchen der Presse bequemte sich das Bundesjustizministerium zu einer Stellungnahme. Der damalige Justizminister bedauerte »das Mißverständnis«: »Der ›Leuchter-Report‹ hätte – schon mangels Kompetenz des Bundesministers für Justiz für eine solche Feststellung – nicht als ›wissenschaftliche Untersuchung‹ bezeichnet werden dürfen.« Leider – so der Minister – würde die Richtigstellung von den Adressaten im rechtsextremen Bereich »nicht zur Kenntnis genommen«.

Nachdem ich mir die Videos angesehen und auch den »Report« und andere Schriften ähnlichen Niveaus studiert habe, frage ich Ingo Haßelbach, wie er heute über das Thema denke. »Das ist der größte Scheiß«, sagt er nur, aber man müsse trotzdem davor warnen. Er würde gern mit den Jugendlichen, die er »geschult« hat, noch einmal reden, um das, was er angerichtet habe, wiedergutzumachen.

Er würde auch davon erzählen, was ihm erst nach seinem Ausstieg aufgefallen sei – als er auch andere Bücher zum »Thema Auschwitz« zur Kenntnis nahm: Die einstigen Verantwortlichen für die Massenmorde, die Planer in den Ministerien des Dritten Reiches und die »Macher vor Ort« haben nie die Tatsache des Todes von Millionen geleugnet, sondern nur versucht, ihre eigene Schuld herunterzuspielen.

Heute wundert sich Haßelbach, daß überhaupt noch jemand auf diese Propaganda hereinfällt. Er hat auch ein Buch über den Auschwitz-Prozeß gelesen, der in Frankfurt/Main im Jahr 1965 stattfand. Auch damals hat keiner der Angeklagten bestritten, daß es Gaskammern gegeben hat. Das gilt auch für den Prozeß gegen den Kommandanten des Konzentrationslagers Treblinka, Franz Stangl, in Düsseldorf im Jahr 1968. Stangl versuchte sogar, Mitleid zu erwecken für seine »Arbeitsüberlastung«, daß manchmal 18 000 Juden täglich nach Treblinka verschleppt, in den Gaskammern ermordet und vergraben werden mußten.

Auch hat bisher niemand versucht abzustreiten, daß die Nazis, noch bevor es Gaskammern in Konzentrationslagern gab, Tausende von Juden in geschlossenen Lastwagen mit Hilfe von Auspuffgasen ermordeten. Diese Wagen kamen vor allem in den besetzten Ostgebieten zum Einsatz. Allein in Minsk wurden 15 000 aus Wien stammende Juden in Lastwagen vergast. In einem als »Geheime Reichssache« deklarierten Schreiben eines der Verantwortlichen des Verbrechens heißt es: »Seit Dezember 1941 wurden beispielsweise mit 3 eingesetzten Wagen 97 000 verarbeitet, ohne daß Mängel an den Fahrzeugen auftraten ...«

Kein Neonazi geht auf diese Aussagen der Täter ein. Wenn man die Leugner des Holocausts damit konfrontiert, behaupten sie schlicht, alles sei unter der Folter von Polizei und Siegermächten erpreßt worden.

Ich frage Haßelbach, wann er zum erstenmal auf die Idee gekommen sei, daß der »Report« des Fred Leuchter Unfug oder Lüge sei. Haßelbach überlegt eine Weile und erzählt, daß ihm folgende Geschichte zu Ohren gekommen wäre: Als Leuchter in Auschwitz war, verstarb sein einziger Sohn. Als ihn die Nachricht erreichte, habe er nur gesagt, er könne »jetzt nicht« in die USA zurück. Die »Arbeit« war ihm offenbar wichtiger als der Tod seines Sohnes.

7

Anfang Mai 1990 war ich Ingo Haßelbach zum erstenmal begegnet. Ich wollte einen Artikel über die Ostberliner Rechtsradikalen, über »Erichs rechte Enkel« schreiben. Ein Westberliner aus dem Weichbild der Szene, der mich manchmal mit Informationen versorgte, hatte mich in der Lichtenberger Weitlingstraße eingeführt. Dort war aber niemand für die Presse zuständig. Jedesmal mußte ich mich erneut herumstreiten, ob ich das Haus betreten durfte.

Reinthaler hatte mich zuerst angepöbelt, dann, als ich mich auf politische Diskussionen einließ, akzeptiert und sogar ein Gespräch mit ihm und Gottfried Küssel und ein paar anderen vermittelt. Nur Eckehard Weil, der Bombenleger, den ich dort sah und über den ich Bescheid wußte, war mißtrauisch und warnte alle vor mir. Ich sei »nicht koscher«. Wahrscheinlich, weil er Leute von der Zeitung prinzipiell nicht leiden konnte. Er hatte schon vor Jahren einem Journalisten, der ihm offenbar »unbequem« war, während einer Gerichtsverhandlung aus Wut das Nasenbein zerschlagen. Das war seine Art des Umgangs mit der Presse.

An einem Samstag betrat ich wieder einmal das Gebäude in der Weitlingstraße. Die Tür war, wie fast immer, offen. Auf dem ersten Treppenabsatz begegnete mir – Eckehard Weil. Der brüllte wütend, ich solle sofort verschwinden. Das gehörte zum Spiel. Wenn man sich von jedem dahergelaufenen Neonazi gleich beeindrucken läßt, wird man nicht ernst genommen.

Ich antwortete, so ruhig wie möglich, daß mich nicht interessierte, was er von sich gäbe. Es kam zu einem kleinen Handgemenge. Weil aber schaffte es nicht, mich die Treppe hinunterzuwerfen.

Von oben, vom Dach, kamen ein paar jüngere Skinheads. Denen rief ich zu, ich wollte mit dem »Hausführer« reden. Sie brüllten: »Pfanne, komm mal her.« »Pfanne« ist der Spitzname von Ingo Haßelbach – nach dem Familiennamen seines Stiefvaters.

Haßelbach kam die Treppe herunter und beruhigte den immer noch zeternden Weil, begrüßte mich dann und bat mich aufs Flachdach.

Während wir die Treppen hinaufstiegen, riskierte ich einen Blick durch die meist offenstehenden Türen. Jedes Stockwerk hatte sechs Zimmer. In der untersten Etage war alles wüst und leer, Elektrokabel hingen aus der Wand, der Putz war abgebröckelt, überall lagen Zigarettenkippen, Müll, geborstene Bretter herum. Weiter oben tauchten die ersten Möbelstücke auf, an den Wänden schwarz-weiß-rote Reichskriegsflaggen oder Hakenkreuzfahnen. Offenbar war an einigen Stellen gefegt worden. Der dritte Stock schien bewohnt zu sein. Sogar eine Küche mit einem neuen Herd gab es. Bevor man auf den Dachboden gelangte, erblickte man linker Hand eine Art Büro mit Stahlschrank und einem Schreibtisch samt Schreibmaschine: das Parteihauptquartier der »Nationalen Alternative«.

Oben saß Henry Jahn, »Skinny«, mit nacktem Oberkörper, genoß den Rundblick bis hin zum Rummelsburger Knast und ließ sich von der Sonne bescheinen. Seine Brust, den Hals und die Oberarme zierten unzählige Tätowierungen: Totenköpfe, Hakenkreuze, nackte Frauen, SS-Runen und was ein Rechtsradikaler sonst noch so mag.

Ingo Haßelbach auf dem Dach des Hauses in der Weitlingstraße: Auf der Ausschau nach Autonomen . . .

Mehrere Stunden ließ ich die Ostberliner Rechtsradikalen in mein Mikrofon sprechen und ihre Weltsicht verbreiten. Henry Jahn war bemüht, möglichst brutale und faschistische Ansichten zu äußern. Einen Augenblick überlegte ich, ob er wohl selbst glaubte, was er über »Rassenschande« sagte und die Türken, die er haßte, obwohl er – ich habe nachgefragt – keinen persönlich kannte.

Ingo Haßelbach erschien mir gemäßigter. Auf die Frage, was seine »Lieblingseigenschaften« wären, antwortete er: »Zuverlässigkeit und Pünktlichkeit«. An »den Deutschen« gefiele ihm »der Egoismus« nicht. Und zu dem für alle Rechtsradikalen obligatorischen Thema »Ausländer« meinte er ausweichend: »Dazu fällt mir nichts Positives ein.«

Obwohl mir Haßelbach von den Rechtsradikalen, die ich in der Weitlingstraße kennenlernte, als einziger sympathisch war, blieb er in meinen Augen ein Nazi, mit dem ich, außer aus beruflichen Gründen, nichts zu tun haben wollte. Er verkörperte all das, was ich ablehnte, auch wenn er seine politische Meinung nicht so dumm und rabiat äußerte wie seine »Kameraden«: Intoleranz gegen Andersdenkende, rassistische Vorurteile gegen Juden und Menschen anderer Hautfarbe, übersteigerter Nationalismus und der Glaube, die eigenen Ideen müßten »notfalls« mit Gewalt durchgesetzt werden. Natürlich waren die Behörden zu Zeiten der DDR ähnlich intolerant mit ihm umgesprungen. Das wäre aber, so sah ich das, kein Grund, jetzt selbst so zu verfahren.

Auch wenn er mit sich reden ließ – er war verantwortlich für das, was seine Gesinnungsgenossen praktizierten: Überfälle auf Ausländer und auf Menschen, die anders dachten als sie. Er sagte, er sei eigentlich gegen Gewalt, aber das klang für mich unglaubwürdig.

Pressegespräch in der Weitlingstraße; links hinten: Burkhard Schröder; ihm gegenüber: Günter Reinthaler aus Österreich und – im Hippie-Look – Arnulf Winfried Priem, notorischer Neonazi; rechts außen: Gottfried Küssel

Haßelbach behauptete, er würde nie zuerst auf jemanden einschlagen. Das war glatt gelogen: Immerhin, das hatte ich erfahren, waren ein paar Tage zuvor mindestens 40 Rechtsradikale, darunter die aus der Weitlingstraße, zu den von Linken besetzen Häusern im Stadtbezirk Friedrichshain gefahren, hatten die Türen eingeschlagen und die Bewohner verprügelt, nur, weil es die »Feinde«, die »linken Zecken« waren.

In der folgenden Zeit war ich häufig im Haus, sogar bei Versammlungen der »Nationalen Alternative«. Wöchentlich fanden Pressekonferenzen statt, an denen manchmal Funktionäre der Republikaner teilnahmen, ja, einer trat sogar zur »Nationalen Alternative« über.

Nach den ersten Veröffentlichungen in verschiedenen Zeitungen strömten Journalisten aus aller Herren Länder ins Haus. Die Medienvertreter stürzten sich meistens auf Ingo Haßelbach, weil er als der Anführer der Rechtsradikalen galt. Er gab täglich mehrere Interviews. Dann jedoch stellte sich André Reichert als »Pressesprecher« der »Nationalen Alternative« vor: Er sieht mit seiner Haartracht »normal« aus und kann, wie auch Haßelbach, zusammenhängend reden. Man sah ihm an, wie er sich geschmeichelt fühlte, als selbst japanische und US-amerikanische Reporter sich um ihn bemühten und versuchten, ihm verwertbare Äußerungen zu entlocken. Frank Lutz, der »Parteichef«, sprach kaum mit Journalisten. Er versuchte mehr im Hintergrund die Fäden zu ziehen und sah es nicht gern, wenn Fotos von ihm erschienen.

Über die Aktionen, die von der Weitlingstraße ausgingen, erfuhren die Medien zunächst nicht allzuviel, doch gab es fast täglich Überfälle auf Ausländer am Bahnhof Lichtenberg: Zu dieser Zeit kamen viele rumänische Sinti und Roma dort an. Sie wurden Ziel von rassistischen Übergriffen, die die Bewohner der Weitlingstraße anzettelten. Die Passanten sahen häufig tatenlos zu, wenn die »Zigeuner« angegriffen wurden. Dadurch fühlten sich die Rechtsradikalen erst recht als Vollstrecker der öffentlichen Meinung über die fremden Einwanderer. Es ist wahrscheinlich nicht falsch, wenn man behauptet, daß es den Neonazis gelungen ist, in dieser Zeit die rumänischen Flüchtlinge ganz aus Lichtenberg zu vertreiben.

Auch bei dem Angriff auf das Kulturzentrum »Tacheles« in der Oranienburger Straße, einem Treffpunkt vieler Linker, war Ingo Haßelbach dabei, erzählte mir aber damals nichts davon. Die Rechtsextremisten überfielen auch ein Asylbewerberheim unweit der Weitlingstraße mit Molotowcocktails und Steinen, während die Polizei seelenruhig dabei zusah.

Bei anderen Dingen war er gesprächiger. Zusammen mit einem anderen Rechtsradikalen staffierte er sich zum »Linken« aus, setzte sich ein Käppi auf, um seinen verräterischen Kurzhaarschnitt zu verbergen, vertauschte die Springerstiefel mit Turnschuhen und erschien in einem antifaschistischen Archiv mitten in Kreuzberg. Die jungen Leute dort erkannten ihn nicht. Haßelbach sagte, sie seien von der »Antifa Oranienburg« und brauchten unbedingt Material über »die Nazis in Ostberlin«, besonders über einen der dortigen Anführer, Ingo Haßelbach. Alle vorhandenen Unterlagen wurden ihm bereitwillig ausgehändigt.

Er ging sogar so weit, sich mit »Kameraden« in Bomberjacke eine Ausstellung im Gebäude der jüdischen Gemeinde in der Oranienburger Straße anzusehen. Die Besucher sahen die Neonazis erstaunt an, es wurde totenstill, aber die Anwesenden konnten einfach nicht glauben, wer sich zu ihnen getraut hatte. Niemand unternahm etwas. Offenbar betrachtete Haßelbach das als eine Art Mutprobe, denn wenn er davon erzählte, schien er zu erwarten, man müßte ihn dafür bewundern oder gar loben.

Manchmal hatte ich den Eindruck, viele der DDR-Rechten betrachteten ihre Aktionen als eine Art höheres Indianerspiel, nur mit dem makabren Unterschied, daß es wirkliche Opfer gab. Und obendrein schienen viele von ihnen nicht zu bemerken, wer sie aus dem Hintergrund zu lenken versuchte.

Ein Treffen von Ost- und Westberliner Neonazis in der Weitlingstraße. Aus Angst vor Überfällen der Autonomen ist die Tür des Hauses verrammelt

Erst nach einer großen Straßenschlacht am 25. Juni 1990 wurde der Öffentlichkeit bewußt, daß Neonazis aus ganz Deutschland die Weitlingstraße als Anlaufstelle benutzten. Schon in den Wochen zuvor hatte es ständig kleinere Scharmützel mit Autonomen gegeben, die versuchten, die Neonazis zu verunsichern und einzuschüchtern.

Nach einer Demonstration gegen die Neonazis, die friedlich verlaufen war, versuchten mehrere hundert Autonome, das Haus der Rechten anzugreifen. Dort hatten sich fast ebenso viele Neonazis und rechte Jugendliche verschanzt und sich mit Molotowcocktails, gefüllten Benzinkanistern und Pflastersteinen auf den erwarteten Ansturm vorbereitet. Zum Glück hatte sich die Polizei vor dem Haus postiert – dafür bekam sie den Steinhagel ab. Doch wenn es den wildgewordenen »Antifaschisten« gelungen wäre, die Nazis zu erreichen, hätte es wohl Tote gegeben. Während mehrere Polizeifahrzeuge in Flammen aufgingen, standen mehrere Dutzend Rechtsradikale auf dem Dach und johlten.

Ingo Haßelbach beschäftigte sich in den nächsten Wochen und Monaten damit, Kontakte zu anderen Gruppen zu knüpfen. Im Juli 1990 tauchte er in der Nähe von Cottbus bei einem Parteitag der »Deutschen Alternative« als einer der Organisatoren auf. Dort erschien auch der von seiner Aidserkrankung schwer gezeichnete Michael Kühnen, der prompt und unter großem Getöse von einer schwerbewaffneten Polizeitruppe in schußsicheren Westen verhaftet wurde. Der Rummel schien Kühnen sichtlich zu gefallen.

Im Sommer reiste Haßelbach nach Wien und Salzburg, um bei einem der dortigen Altnazis Adressen von Spendern für die NA zu bekommen, dann fuhr er

Die Weitlingstraße nach einem Angriff der Autonomen auf das von den Neonazis bewohnte Haus

zusammen mit Riechert nach Spanien, um die dortigen Neofaschisten kennenzulernen. Sie nahmen an »Kameradschaftsabenden« teil, obwohl die Gemeinsamkeiten mit den spanischen Nazis wegen der Sprachprobleme mehr in der geselligen Alkoholvernichtung und in Wehrsportübungen bestanden.

Bei seiner Rückkehr erlebte Haßelbach eine Überra-

Gründungsversammlung der »Deutschen Alternative (DA) – Sektion Ost« in Cottbus. Ingo Haßelbach neben Karsten Wolter, Vorsitzender der »DA-Ost«, und Michael Kühnen

schung: Alexander Dietze hatte sich von der Hausverwaltung überreden lassen – als einer der Vertreter der Pseudo-Bürgerinitiative WOSAN – einen Vertrag zu unterschreiben. Das Haus sollte auf Kosten der WOSAN renoviert werden. Da aber niemand Geld besaß, wäre die Vereinbarung auf keinen Fall zu erfüllen gewesen.

Haßelbach und Baumert versuchten erneut zu verhandeln. Die inzwischen »aufgewachte« Wohnungsbaugesellschaft wollte das Problem Weitlingstraße endlich los sein und schlug einen Handel vor: Man stellte den Bewohnern neun dezentral gelegene Wohnungen zur Verfügung, und die sollten im Gegenzug das Haus in der Weitlingstraße verlassen. Haßelbach und Baumert akzeptierten.

Sie hatten jedoch die Rechnung ohne Gottfried Heinrich Küssel gemacht. Als der von der Unterredung erfuhr, schäumte er vor Wut und beschimpfte Haßelbach als »Verräter«. Er wollte auf das schöne Hauptquartier nicht verzichten. Haßelbach und Baumert setzten sich in eine Kneipe, um »den Frust« zu ersäufen. Küssel trommelte die Mitglieder der »Bürgerinitiative« zusammen, die er auf seiner Seite wußte, und zog eine Abstimmung durch, deren Ausgang vorab feststand. »Als ich dann in die Weitlingstraße zurückkehrte«, sagt Haßelbach, »war ich nicht mehr Mitglied der WOSAN.«

Doch der Druck und die Beredsamkeit, die Küssel in dieser Versammlung über den Ausschluß Haßelbachs entfaltete, müssen nur für kurze Zeit gewirkt haben. Die Ost-Rechten hatten wenig später dann doch »die Nase voll« von den vorlauten Wessis.

Man setzte sich zwar noch zusammen, aber aus Protest gegen Küssels und Reinthalers Bevormundung wählten die Mitglieder der NA im September – die Österreicher machten im Sommer Urlaub in ihrer Heimat – Ingo Haßelbach als Nachfolger von Frank Lutz zum »Parteivorsitzenden«.

Lutz hatte keine Lust mehr auf Parteiarbeit. Außerdem war ihm die Homosexualität Kühnens zu Ohren gekommen, was ihn gegen den »Obersten Führer« und die anderen West-Nazis aufbrachte. Immer häufiger

Am Rande der Gründungsversammlung: Ingo Haßelbach im »Gespräch« mit Polizisten

war unter den Rechtsradikalen aus der ehemaligen DDR das Gerücht aufgetaucht, Kühnen sei schwul. Mit Homosexualität wollten sie nichts zu tun haben. Bendix Wendt, der Waffenfetischist, hatte sogar zwei junge Männer, die er in flagranti ertappte, aus dem Haus in der Weitlingstraße geworfen. Die meisten hielten aber diese Gerüchte um Kühnen für eine Erfindung ihrer Gegner.

Ingo Haßelbach ging aus Neugier dem Gerede nach und besorgte sich eine von Kühnens Schriften zum Thema: »Homosexualität und Nationalsozialismus«. In diesem Traktat las er den Kernsatz: Zur Festigung des nationalsozialistischen Männerbundes sei auch die »sexuelle Beziehung zu anderen Männern oder geschlechtsreifen Knaben« zulässig und erwünscht. Frank Lutz und Heiko Baumert mußten erstaunt feststellen, daß alles, was über Kühnen geredet wurde, sogar von ihm selbst bestätigt wurde, und sie beschlossen, mit dieser Fraktion der West-Nazis in Zukunft nichts mehr zu tun haben zu wollen.

Haßelbach, dem neu gewählten Chef der »Nationalen Alternative«, war das nicht so wichtig. Er hielt dieses Thema für eine Privatsache. Er konnte aber die zunehmende Spaltung zwischen Ost und West nicht verhindern – zumal er seine Kraft auf ein anderes Ziel richtete: Getreu seiner Vorstellung, politischen Einfluß zu gewinnen, wollte er mit der NA an den Kommunalwahlen im Dezember 1990 teilnehmen. Deswegen verteilte er massenhaft Flugblätter und versuchte, rechte Jugendliche für die Propagandaarbeit zu gewinnen. Doch bald ahnte er, daß kaum jemand überzeugte Nationalsozialisten wählen würde. Und so ließ er sich selbst schließlich gar nicht erst zum Kandidaten küren, sondern empfahl intern seinen Gesinnungsgenossen, bei dem anstehenden Urnengang ihre Stimme den Republikanern zu geben.

Ingo Haßelbach vor der Kommunalwahl. Eine Demonstration von Mitgliedern der »Nationalen Alternative«; links neben ihm: »Kamerad« Oliver Schweigert

Haßelbach auf »Wahlkampftour«

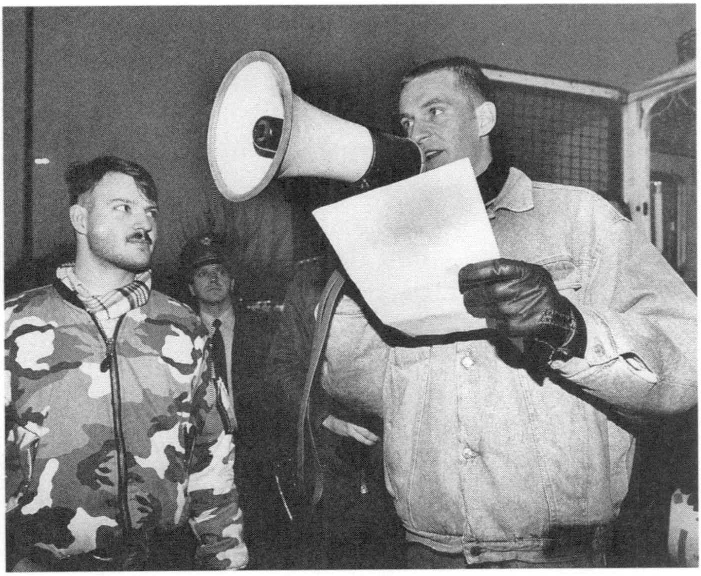

NATIONALER WIDERSTAND
Schlesien bleibt
RAUS aus NATO
Schein-
Asylanten
RAUS

Der letzte Anstoß für das endgültige Aus der Partei im Rennen um Wählerstimmen kam aber aus den eigenen Reihen. In den ersten Oktobertagen 1990 kamen Reinthaler aus Salzburg und Küssel aus Wien angereist, um hier in Berlin die deutsche Einheit zünftig zu begehen. Sie parkten ihr »Dienstfahrzeug«, einen BMW, in einer Seitenstraße und begaben sich zu ihren »Kameraden«, um deren Vorrat an Alkohol zu testen. Es war jedoch ein Fehler, das schicke Auto unbewacht am Straßenrand stehenzulassen. In der Nacht wurde es von unbekannten Tätern abgefackelt. In den frühen Morgenstunden, als die Polizei eintraf, war es nur noch eine rauchende Blechruine.

Die Polizeibeamten untersuchten das Wrack und machten eine überraschende Entdeckung: Im Kofferraum lagen große Mengen NSDAP/AO-Propagandamaterial und eine Maschinenpistole mit fast 400 Schuß Munition, eine scharfe Pistole, ein Schrotgewehr und ein falscher Paß, den offenbar Reinthaler benutzt hatte.

Während die Polizei ermittelte, wo sich der Herr aufhalten könnte, fuhr dieser schon mit einem anderen Wagen, einem Ford Taunus, herum. Am 3. Oktober war er, zusammen mit Ingo Haßelbach und zwei weiteren Jungrechten, unterwegs. Er wollte von Lichtenberg nach Tempelhof. Dummerweise verfuhren sich die vier und landeten mitten in Kreuzberg, wo sich gerade mehrere hundert Autonome zu einer Demonstration gegen die Wiedervereinigung versammelten. Das Motto: »Deutschland, halt's Maul!« Dementsprechend war auch die Stimmung. Reinthaler, Haßelbach und »Kameraden« sahen sehr »unautonom« aus und wurden von einigen aus der Palästinensertuch-Fraktion erkannt. Die fingen an, das Auto zu bedrängen, wohl, um die Insassen eingehend befragen zu können, was sie hier verloren hätten.

Die Polizei, die überall herumstand, bemerkte das von Vermummten angegriffene Auto und bat Fahrer und Beifahrer in eine »Wanne«, um die Personalien festzustellen. Das bewahrte diese davor, ein Opfer ihrer zornigen Feinde zu werden. Doch im Kofferraum des Autos fanden die Beamten Schlagwaffen und Präzisionsschleudern. Haßelbach, Reinthaler und die beiden anderen mußten mit zur nächsten Wache. Das Auto blieb am Straßenrand zurück. Es wurde in den nächsten Stunden ebenfalls das Opfer eines Anschlags und brannte aus. Die Presse berichtete ausführlich über die zwei Waffenfunde. Damit war die letzte Chance der »Nationalen Alternative« dahin, sich als ernstzunehmende Partei darzustellen.

Dann zerstritt sich Ingo Haßelbach zu allem Überfluß endgültig mit Reinthaler. Der Grund des Krachs war simpel, eine »Männersache«: Ingo hatte dem Österreicher die Freundin ausgespannt.

Außerdem hatte Haßelbach während eines Besuchs in Reinthalers Wohnung in Salzburg eine makabre Entdeckung gemacht und davon einigen Leuten erzählt: In einer Schublade fand er einen Ordner mit penibel aufgeklebten Zeitungsausschnitten. Die Presseberichte handelten von einem wohlhabenden Ehepaar in Salzburg, dem einige Häuser und Eigentumswohnungen gehörten. Das Paar war eines Abends mit dem Wagen in die Garage gefahren. Aus ungeklärten Gründen explodierte das Auto, beide Insassen kamen ums Leben. Der einzige Sohn der Opfer und Alleinerbe wurde von der Polizei eingehend befragt, doch eine etwaige Gewalttat konnte ihm nicht nachgewiesen werden. Das Ehepaar waren die Eltern Reinthalers.

Seitdem war Haßelbach der Österreicher nicht mehr ganz geheuer.

Reinthaler konnte sich auch nicht mehr überall bei seinen Nazi-Freunden in Berlin blicken lassen. Mittlerweile war »durchgesickert«, daß die Verkrüppelung seines Arms nicht, wie er immer behauptet hatte, die Folge eines Autounfalls, sondern ein Schaden war, den er von Geburt an hatte. Die militanten Nazi-Rocker von der »Vandalen«-Bande, die ab und zu in der Weitlingstraße verkehrt hatten, hielten, wie es in diesen Kreisen üblich ist, Reinthaler drastisch vor, man sollte solche Leute mit »Erbschäden« – wie ihn – »vergasen«.

Reinthaler versuchte seinerseits, Haßelbach eins auszuwischen und sich dafür zu rächen, daß der jetzt mit seinem Mädchen zusammen war. Angeblich sollte Haßelbach »politisch nicht mehr zuverlässig« sein und deshalb vom Parteivorsitz der »Nationalen Alternative« entbunden werden. Doch alle Ostberliner stellten sich hinter ihren »Parteivorsitzenden«. Reinthaler scheiterte mit seiner Intrige. Dann gab zu allem Überdruß die Wohnungsbaugesellschaft auch unmißverständlich zu erkennen, daß eine polizeiliche Räumung anstünde, wenn die Rechten das Haus nicht verließen.

Ingo Haßelbach, der geahnt hatte, wie die Weitlingstraßen-Episode ausgehen würde, hatte sich schon eine eigene Zweizimmerwohnung in der Lichtenberger Wotanstraße besorgt. Er zog mit seiner neuen Freundin dorthin, während die letzten Bewohner der Weitlingstraße sich in alle Winde zerstreuten. Küssel und Reinthaler fuhren wieder nach Österreich, um dort ihre Machtübernahme vorzubereiten, ohne Erfolg, wie man weiß: Küssel ist wegen seiner Aktivitäten zu 10 Jahren Haft verurteilt worden.

Im Dezember, bei der Berliner Kommunalwahl, scheiterten die Kandidaten der NA kläglich. Nur ein paar hundert Leute in Berlin wollten bekennende Neonazis im Stadtparlament haben.

Neonazi am Rande einer Demonstration anläßlich der Beerdigung von Rainer Sonntag, dem einstigen Chef der Dresdner Rechtsextremisten. Sonntag, »nebenher« Schutzgelderpresser, wurde von einem Zuhälter erschossen

Von Parteien hatte Ingo Haßelbach nach diesem Mißerfolg nun genug, und mit denen, die sich um den mehr und mehr schrumpfenden Kadaver der »Nationalen Alternative« kümmerten, wie André Riechert, gab er sich kaum noch ab. Als schließlich, wahrscheinlich von einem der »Kameraden«, der Partei-Computer geklaut wurde, verabschiedete er sich endgültig aus dieser Organisation.

Auch ein neues Projekt, für das sich Haßelbach begeisterte, scheiterte. Einige Monate arbeitete er, zusammen mit seinem jüngeren Bruder und einem knappen Dutzend anderer rechtsradikaler Jugendlicher und Skinheads, in einem Haus in der Lichtenberger Pfarrstraße, das ihnen ein Sozialarbeiter der Kirche zur Verfügung gestellt hatte. Sie sollten es renovieren, um später dort einziehen zu können. Genau gegenüber hatten sich jedoch die »linken Feinde«, vor allem Hausbesetzer aus Kreuzberg, in leerstehenden Häusern einquartiert, denen das neue »Nazi-Hauptquartier« ein Dorn im Auge war. Ständig gab es Streitereien und gegenseitige Überfälle. Die Rechten schlugen jeden Linken zusammen, den sie allein erwischten, warfen die Fensterscheiben der besetzten Häuser ein und demolierten Autos. Die Hausbesetzer revanchierten sich mit gleicher Münze.

Schlichtungsversuche prominenter Bürgerrechtler blieben erfolglos. Nach einem Brandanschlag auf das Haus der Rechten gab es eine Straßenschlacht. Haßelbach selbst wird erheblich verletzt und anschließend vom Sozialdiakon hinausgeworfen. Er fürchtete, das ganze Projekt würde in seiner Existenz bedroht werden, wenn derart überzeugte prominente Rechtsradikale dort mitarbeiteten.

Zu diesem Zeitpunkt ist es Ingo Haßelbach noch nicht bewußt, wohin er treibt; doch in der Rückschau – heute – weiß er: Von nun an beginnt der Ausstieg.

8

Im Frühjahr 1992 muß Haßelbach sich ernsthaft überlegen, wie er seine Zukunft gestalten will. Er lebt mit seiner Freundin in der neuen Wohnung zusammen, die beiden haben sich aber nicht viel zu sagen. Ingo versucht, sich mit kleineren Jobs finanziell über Wasser zu halten. Er verdingt sich für Montagearbeiten, weil er bei Firmen außerhalb Berlins nicht als Neonazi-Anführer bekannt ist. An eine geregelte Arbeit ist aber nicht zu denken. Im Arbeitsamt sagt ihm der zuständige Sachbearbeiter, er könne ihn nicht vermitteln. Er schildert die Situation drastisch: Haßelbach sei wegen der vielen Presseberichte über ihn während der Monate in der Weitlingstraße zu bekannt. »Wenn ein Chef hört, wen er da einstellen soll, fällt der erst einmal in Ohnmacht. Und wenn er wieder aufwacht, wird er mich fragen, ob ich noch alle Latten am Zaun hätte.«

Ingo Haßelbach kommt sogar auf die Idee, sich bei der Bundeswehr zu bewerben. Durchaus auch ein Gedanke, der – wie Haßelbach es liebt – etwas Provozierendes hat. Die Bundeswehr lehnt seine Bewerbung aber dankend ab: Man kennt ihn aus der Presse. Man will keinen Soldaten haben, der sich in der Vergangenheit offen zu seiner nationalsozialistischen »Weltanschauung« bekannt hat.

Immer wieder tauchen Journalisten bei ihm auf, denen er Interviews gibt. Ein Dokumentarfilmer schlägt ihm schließlich vor, einen größeren Film über seine »Tätigkeit« zu drehen. Das bringt endlich

Abwechslung. Die beiden fahren zusammen nach Greifswald, wo Haßelbach einige Leute aus der rechten Szene kennt. Die – und das wird einer der Originalschauplätze – hatten einen alten Truppenübungsplatz der sowjetischen Streitkräfte entdeckt, wo es auch noch ein paar schrottreife Panzer gab. Die Szene, die hier gedreht wird, heißt »Wehrsportübung«. Haßelbach zieht sich Militärkleidung an, setzt sich ein Käppi auf und robbt mit einigen seiner – ebenfalls sehr »individuell« herausstaffierten – »Kameraden« durchs Unterholz. Es ist nichts anderes als die paramilitärischen Übungen, die Haßelbach aus den Zeiten der DDR von der »Gesellschaft für Sport und Technik« noch gut kennt.

Der Filmemacher fragt, ob die jungen Rechten auch Waffen einsetzen würden, wenn »Feinde« auftauchten. »Natürlich, klar«, antworten alle. Es wäre ja auch merkwürdig, wenn einer der Rechtsextremisten in Phantasieuniform behauptete, er würde im Ernstfall nicht schießen. Dann bräuchte er gar nicht erst dafür zu üben. Die Kamera tut ihr übriges, um die Angelegenheit gefährlich aussehen zu lassen: Man sieht einen Panzerturm aus der Froschperspektive, von dem zwei schattenhafte Gestalten im Gegenlicht herunterspringen. Dann sprintet Ingo Haßelbach zum Waldrand, dreht sich um und schießt im Laufen auf den nicht vorhandenen Feind hinter ihm. Auf Waffenlager angesprochen, antwortet Ingo Haßelbach in der nächsten Szene: »Kein Kommentar.« Jeder muß denken: Der hat was zu verbergen. Das ist richtig, aber wer sich bei einer Wehrsportübung filmen läßt, braucht den Besitz von Waffen nicht zu leugnen.

Dann steht Haßelbach, zusammen mit Christian Worch, im Hamburger Hafen vor der Kamera. Der Hamburger Nazi-Anführer betont, daß Haßelbach,

»wie schon in der Vergangenheit«, auch in der Zukunft eine wichtige Rolle in der Nazi-Szene spielen werde.

Der zentrale Teil des Films findet in Frankfurt am Main statt. Ingo Haßelbach begrüßt im Flughafengebäude »einen gewissen« Nero Reisz, den »Führer von Frankfurt«. Diese Szene ist gestellt, weil Haßelbach nicht geflogen ist. Aber es sieht später im Film sehr danach aus, als ob er ständig quer durch Deutschland gejettet wäre, um hier und dort »Besprechungen« abzuhalten.

In der Wohnung des Heinz Reisz sitzen einige Nazi-Anführer um einen Tisch und tun sich wichtig. Reisz schwafelt von »internationalen Verbindungen«, und ein anderer, älterer Herr zeigt diverse Orden vor, darunter ein Ritterkreuz, das ihm angeblich »vom Führer Adolf Hitler« persönlich verliehen worden sei: Otto Riehs.

Im Hintergrund sitzt Ingo Haßelbach und sagt nichts. Er weiß, daß Riehs Geschichte mit dem Ritterkreuz erstunken und erlogen ist. Er lacht auch nicht mit, als Heinz Reisz antisemitische Witze erzählt.

Der Film wird Ingo Haßelbach in Aktion und Pose zeigen. Daß viele Szenen gestellt und somit nicht wirklichkeitsgetreu sind, wird dem unkundigen Zuschauer nicht auffallen. Der »bekannteste Neonazi-Anführer« aus den neuen Bundesländern muß unbedingt gefährlich wirken und vor allem als wichtige Persönlichkeit mit vielen Verbindungen dargestellt werden. Und Haßelbach spielt mit. Er fährt einen Mercedes und holt, als er an seiner Wohnung eintrifft, eine Pistole aus dem Handschuhfach. Das Auto gehört ihm zwar nicht, auch hat er keine Fahrerlaubnis, aber das weiß ja niemand. Auch die Leibwache, mit der Haßelbach sich ständig umgeben soll, existiert in der Realität nicht. Man sieht seinen Bruder Jens, der kaum einer Fliege etwas zuleide tun kann, und zwei weitere »Kameraden«, die zwar wie Bodyguards aussehen, es aber nicht sind – nur im Film, weil es der Filmemacher so will.

Um seine politischen Ansichten vor der Kamera zu erläutern, trifft sich Haßelbach mit der »Sicherheitstruppe« in seiner Wohnung.

Dort sitzt er auf dem Sofa und zieht über die Juden her. Das seien »raffgierige Wesen«, die an den Schalthebeln der Macht säßen. Keiner widerspricht ihm. Er will seine Rolle spielen, er will von sich geben, was man von ihm hören will. Ein Nazi, der nichts gegen Juden sagt, auch wenn er keine Ahnung vom Thema hat, ist kein richtiger Nazi.

Auch die Schwulen, sagt Haßelbach, würde er »in ein geschlossenes Gebiet« stecken, »wie die Autonomen, auch wegen Aids«. Längst weiß er, daß das auch für einige seiner Mitstreiter gelten müßte, nicht nur für Kühnen.

Nach Beendigung der Dreharbeiten fühlt sich Haßelbach in einer Zwickmühle. Er ist sich bewußt, daß vieles von dem, was er für den Film getan und gesagt hat, nur eine Inszenierung dessen ist, was von ihm erwartet wurde. Natürlich stimmt die Aussage des Films: Nach wie vor ist er ein Rechter – vielleicht ein »gemäßigter« –; und Anführer der Szene wie er reisen tatsächlich in ganz Deutschland herum, knüpfen Kontakte zu rechten Jugendbanden, versorgen die mit Nazi-Propagandamaterial und versuchen, lokale Anführer heranzuziehen. Auch sind Wehrsportübungen selbst mit scharfen Waffen in vielen rechtsextremistischen Gruppen an der Tagesordnung. So weit, »so gut«.

Doch ihm wird bewußt, daß er »auf der Stelle tritt«. Haßelbach hat keine realistische politische Perspektive in seinem Spektrum. Was er sich vor und nach der Wiedervereinigung vorgestellt hat, ist gescheitert:

seine Vision vom »nationalen Sozialismus« und eine politische Partei, die das propagieren könnte.

Es gefällt ihm zwar, als wichtige Person und als »Anführer«, den viele kennen, in den Medien zu erscheinen. Das allein reizt aber nun nicht mehr. Es ist wie schon in der DDR: Niemand will ihn haben. Er ist immer noch ein gesellschaftlicher Außenseiter. Er kann sich sogar mit einigen politischen Forderungen der »Grünen« anfreunden, er hält Umweltschutz für wichtig, ja, er findet prominente Grüne wie Petra Kelly sympathisch, weil die sich für ihre Idee mit aller Kraft einsetzen. Er könnte aber nie auf einer Demonstration der Grünen auftauchen, weil er als Nazi dort sofort verjagt würde.

Haßelbach beschließt, es noch einmal mit politischer Arbeit zu versuchen. Er spricht einige der alten Freunde an und schlägt vor, eine unabhängige »Kameradschaft« zu gründen. Im Sommer 1992 hat er sie beisammen, gut zwei Dutzend Männer zwischen 18 und 30 Jahren. Sie nennen sich »Sozialrevolutionäre Nationalisten«. Es sind nur Leute dabei, die sich lange kennen: auch Freund »Schmutz«, Frank Lutz, und Heiko Baumert, der den Spitznamen »Buchenwald« erhalten hat. Niemand hat Lust, sich in einer rechtsextremistischen Splitterpartei zu engagieren. Alle wollen unabhängig agieren, gegen wen oder was auch immer. Rund die Hälfte sind Mitglieder der illegalen NSDAP/AO und fühlen sich als »Nationalsozialist«. Mit den Wessis haben sie kaum noch Kontakt. Selbst das Propagandamaterial, das Ewald Althans aus München schickt, stößt auf Widerwillen, weil, so sagt einer aus der Gruppe, »der Althans ja auch zugegeben hat, daß er schwul ist«.

Doch es gibt sofort Streit untereinander. Frank Lutz möchte unbedingt der »Führer« sein, dem alle aufs

Wort gehorchen. Er ordnet Schulungen an und setzt die Themen fest, auch wenn das niemanden interessiert. Besonders die »Treue zur deutschen Frau« hat es ihm angetan, über die er referieren will. Haßelbach weiß, daß es mit Lutz' eigener »Treue zur Frau« nicht allzuweit her ist. Er hat gehört, daß Lutz nichts dabei findet, seine eigene Freundin zu betrügen. Deshalb zieht er die schwülstigen Darlegungen des Möchtegernanführers ins Lächerliche. Lutz verbittet sich das – ohne Erfolg. Haßelbach fühlt sich um so mehr provoziert. Die Hackordnung innerhalb der Gruppe ist nicht eindeutig geklärt, weil beide, Lutz wie Haßelbach, keinen über sich dulden können und wollen.

Im Juli feiert Haßelbach Geburtstag in einem kleinen Lokal. Auch Frank Lutz schaut vorbei und fragt hämisch nach einem kleinen Geldbetrag, den Haßelbach ihm noch schuldet. Der antwortet in einem ähnlichen Tonfall, »Schmutz« bekäme alles zurück, »mit Zins und Zinseszins, wie es bei deinesgleichen üblich ist«. Das ist ein »Witz« mit antisemitischem Hintergrund; Lutz fühlt sich provoziert. Er stürmt auf Haßelbach los und beginnt auf ihn einzuschlagen. Ingos jüngerer Bruder Jens, der auch an der »Feier« teilnimmt, versucht seinem Bruder zu helfen, bekommt aber einen Faustschlag auf die Nase. Blutend bleibt er in einer Ecke liegen. Nachdem große Teile des Mobiliars zu Bruch gegangen sind, können die beiden Streithähne endlich getrennt werden. Mit der Freundschaft zwischen Haßelbach und Lutz ist es aber vorbei. Die Hälfte der Gruppe wendet sich »Schmutz« zu, die anderen bekennen sich zu ihrem Anführer Haßelbach.

Rechtsextremistische Jugendliche in Halle ...

... und in Dresden

Die beiden rechten Gangs gehen sich aus dem Weg. Haßelbach hört, daß Lutz durch immer brutalere Aktionen auf sich aufmerksam macht. Vor einer Diskothek hat er mit scharfer Waffe um sich geschossen und bei der sich anschließenden Prügelei dem Türsteher eine Augenbraue abgebissen. »Der ist wie sein Vater«, sagt Ingo, »der muß immer recht haben und kann einfach nicht verlieren.«

Haßelbach gerät bald unter Zugzwang. Es ist der September 1992, der Monat, in dem die meisten Gewalttaten gegen Ausländer in Deutschland stattfinden, insgesamt über 500 Attentate werden gezählt. Das Pogrom von Rostock hat als Fanal gewirkt. Landesweit gibt es Brandanschläge. Menschen, die fremd aussehen, werden zusammengeschlagen. Rechtsradikale, aber auch jugendliche Mitläufer, greifen Asylbewerberheime an: in Cottbus, Guben und Eberswalde, in Perleberg, Stendal und Greifswald, in Lübbenau, in Saarlouis, in Mülheim an der Ruhr, in Eisenhüttenstadt, in Leipzig ...

Haßelbachs Gesinnungsgenossen erwarten von ihm, daß auch er eine Aktion plant, daß etwas passiert. Immer nur Schulungen oder Flugblätter sind ihnen zu langweilig. Alle wollen etwas gegen die erklärten Feinde, »die Linken«, unternehmen. Bis jetzt hat sich niemand darüber beschwert, daß der Anführer der Gruppe keine Gewalttaten plant. Aber Haßelbach befürchtet, das Vertrauen der Gruppe zu verlieren. Das will er verhindern. Er ist auf den Zusammenhalt der Gruppenmitglieder genauso angewiesen wie die – noch – auf ihren Führer. Also muß er handeln.

Er hat über das Pogrom von Rostock nachgedacht. Ihm gefällt nicht, daß unschuldige Menschen von Rechtsradikalen, also von seinen eigenen Leuten, angegriffen werden. Er hat die Bilder im Fernsehen gesehen, wie Vietnamesen in Todesangst versuchen, dem Mob zu entkommen, wie ein Angestellter der Wohnungsbaugesellschaft am Tag danach die zerstörten Wohnungen besichtigt. Er weiß nicht, wie er derartige Aktionen begründen soll.

Er war ein paarmal mit seinen »Kameraden« unterwegs, hat gesehen, wie sie fremd aussehende Menschen anpöbelten. Er hat auch mit seiner Mutter, zu der die Kontakte nie abbrachen, darüber geredet. Sie sagte ihm: »Wenn du anfängst, Leute zusammenzuschlagen, brauchst du nicht mehr herzukommen.« So weit will er sich nicht treiben lassen. Aber trotzdem muß er etwas tun, um sein Ansehen in der rechten Szene zu rechtfertigen.

In der Bürgerheimstraße in Lichtenberg gibt es ein Jugendprojekt, das sich um Kinder und junge Leute kümmert, die nach der Schule keine Lust haben, nach Hause zu gehen. Auch die Rechten aus Haßelbachs Gruppe waren ab und zu dort und tranken ein Bier. Einer der Halbwüchsigen erzählt ihnen, daß bald ein überregionales Treffen von antifaschistischen Gruppen dort stattfinden würde.

Die Antifas, so die Aussage, wollen beraten, was sie gegen den alljährlichen Nazi-Aufmarsch im fränkischen Wunsiedel machen könnten. Dort ist das Grab des Hitler-Stellvertreters Rudolf Heß – ein Wallfahrtsort aller Nazis, alter und neuer.

Haßelbachs Gruppe trifft sich und beratschlagt. Ihr Anführer verdrängt in der Diskussion den Gedanken, daß es wieder mal Unschuldige treffen könnte, völlig. Er übernimmt bewußt die Gruppenmeinung: Jetzt gibt es endlich eine Gelegenheit, zu zeigen, daß man da ist. Haßelbach will sich diesmal nicht zurückhalten. Es ist der letzte Versuch, sich in eine Gruppe mit einer »Aktion« fest einzubinden.

Der Plan ist: Während die Antifas sich versammeln, werden vier der »Kameraden« mit Fahrrädern am Haus vorbeifahren und Molotowcocktails durch die Fenster werfen.

Haßelbach sagt seinen »Kameraden«, daß er das nicht selbst machen werde, weil er zu groß sei und zu markant aussehe. Ihn könne man schnell identifizieren. Das stimmt zwar, dennoch ist es eine Ausrede. Er erklärt sich dafür bereit aufzupassen, daß sie niemand verfolgt oder vorher beobachtet. Natürlich macht er sich etwas vor. Die Verantwortung trägt er als der unbestrittene Anführer.

Für Haßelbach ist das aber auch eine Gelegenheit, sich für die vielen Angriffe der »Linken« auf die Weitlingstraße zu revanchieren. »Ich habe gedacht«, sagt er mir, »da trifft es schon die Richtigen. Die sollen mal merken, wie es ist, wenn sie in einem Raum sitzen und es brennt.«

Am Tag vor der Aktion besprechen die Beteiligten, wer wem ein Alibi verschaffen wird. Wer die Aktion ausführen wird, ist klar.

Der Anschlag verläuft, wie er geplant war. Vier der Rechtsradikalen schwingen sich am Abend auf ihre Fahrräder und fahren zur Bürgerheimstraße. Die Molotowcocktails verbergen sie unter ihren Jacken. Einer postiert sich am oberen Ende der Straße, ein anderer am unteren, um zu sehen, daß niemand die Aktion beobachtet. Die restlichen zwei fahren vor das Jugendheim und werfen die Brandsätze: an die Tür und durch die Fenster.

Der Gastraum steht sofort in Flammen. Auch die Tür brennt. Ohne sich groß darum zu kümmern, ob Personen verletzt worden sind, flüchten die Täter auf ihren Fahrrädern. Zum Glück kommen keine Menschen zu Schaden.

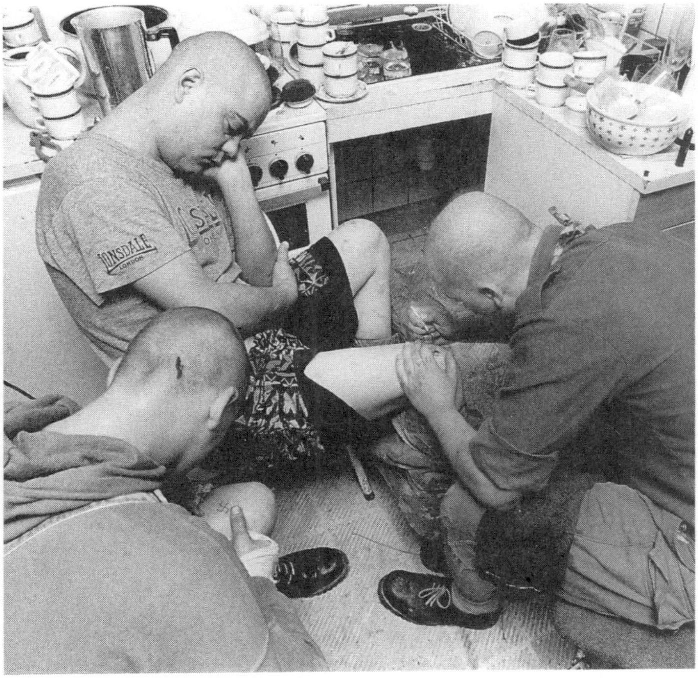

Berliner rechte Skinheads im selbstverwalteten Jugendzentrum »Die Wurzel«. Am Freitagabend, nach Schnaps und Bier, tätowieren sie sich Nazisymbole auf die Haut – mit angeschliffener Nadel und schwarzer Ausziehtusche

Am nächsten Tag diskutieren sie, ob sie ein Bekennerschreiben verfassen sollen. In der Zeitung steht aber, daß der Staatsschutz wegen des offensichtlich politischen Hintergrunds des Anschlags ermittelt. Das ist ihnen zu gefährlich. Also verhalten sie sich zunächst einmal ruhig.

Doch kurze Zeit später erscheinen einige Beamte der ermittelnden Behörde an der Wohnungstür von Ingos Eltern. Sie haben scheinbar seinen Bruder Jens im Verdacht, an der Aktion beteiligt gewesen zu sein. Sie erkundigen sich, wo sie ihn finden können. Ingo, der gerade seine Mutter besucht, gibt bereitwillig Auskunft, sein Bruder sei an seiner Arbeitsstätte. Die Beamten hatten keine Fotos der möglichen Täter. Sie erkennen Ingo nicht sofort, doch als der Anführer der »Kameradschaft« aufgefordert wird, seinen Ausweis zu zeigen, erklären die Beamten, daß sie eigentlich hinter ihm her gewesen wären und seinen Bruder Jens nur fragen wollten, wo Ingo denn sei. Sie nehmen ihn gleich mit und verhören ihn.

Haßelbach bestreitet den Anschlag, verweist auf sein abgesprochenes Alibi und behauptet, er habe zur fraglichen Tatzeit ein Fußballspiel gesehen. Wie das Spiel denn ausgegangen sei? fragt der vernehmende Beamte. Haßelbach hat vergessen, sich zu erkundigen, und gibt schnell eine Lügengeschichte zum besten: Sie hätten vor Ende des Spiels umgeschaltet, weil das so langweilig gewesen sei. Das hört sich zwar alles nicht besonders glaubwürdig an, aber der Staatsschutz gibt sich mit dieser Version zufrieden. Der Zeuge, den Haßelbach angibt, bestätigt das alles. Natürlich haben die Täter vorher Gelegenheit gehabt, sich noch einmal abzusprechen.

9

Im November 1992 verbrennen eine türkische Frau und zwei Kinder in einem Haus in Mölln. Die Täter sind rechtsradikale junge Männer, die in ihrer Stadt auch schon einmal mit dem Hitlergruß posieren, aber mit einer der Nazi-Kleinstparteien nichts zu tun haben. Als die ersten schrecklichen Bilder von dem Mordanschlag im Fernsehen erscheinen, trifft sich die »Kameradschaft« Ingo Haßelbachs.

Die meisten sagen gar nichts oder nur, »daß die ›Kameraden‹ dort wenigstens etwas machen«. Haßelbach nimmt eindeutig Stellung: »Ich kann nicht akzeptieren, daß unschuldige Frauen und Kinder sterben müssen. Das mache ich nicht mit.« Doch er erntet nur Unverständnis. Einer aus der Gruppe meint, Haßelbach habe jetzt wohl Angst vor den Geistern, die er selbst gerufen habe. »Damit hatte der wahrscheinlich sogar recht«, erinnert sich Ingo mir gegenüber. »Doch das war es nicht allein.«

Er hat das Gefühl, vor einer schwerwiegenden Entscheidung zu stehen. Bisher haben die »Kameraden« über die Planung von Mordanschlägen nur geredet, und die, die am lautesten krakeelten, waren seiner Meinung nach am wenigsten in der Lage, so etwas auszuführen.

Es hatte sogar eine Diskussion über »rechten Terrorismus« in der Gruppe gegeben. Die »Führungskader« oder die, die sich dafür hielten, lasen ein Buch, das eigentlich nur in ultralinken Kreisen kursiert, mit dem

Titel: »Der totale Widerstand«. Darin finden sich detaillierte Anweisungen, wie man Bomben baut, wie man mit diversen Sorten von Sprengstoff umgehen sollte und derartige Dinge mehr. Haßelbach war der Meinung, sie müßten etwas »gegen den Staat« tun, wenn sie eine andere, eine national gesinnte, irgendwie gerechtere Gesellschaft wollten.

Aber niemand wußte genau, wie diese »andere« Gesellschaft auszusehen hätte. Die Gruppe plapperte, bis auf wenige Ausnahmen, nach, was ihr Anführer ihnen erzählte. Deswegen galt er ja als der »Chef«, dem sie folgten. Er hatte das Meinungsmonopol. Haßelbach behauptete, es sei ein Vorurteil, wenn die »Kameraden« aus der rechten Szene immer wieder sagten: »Die Ausländer nehmen uns die Arbeitsplätze weg.« Das sei doch Blödsinn. Man dürfte nicht die Ausländer angreifen, sondern die Unternehmen, die sie einstellten. Das verstünde er unter »rechtem Terrorismus«.

Vor dem Hintergrund der weiterhin »rollenden« Terrorwelle in Deutschland gerät Haßelbach erneut stärker ins Visier der Polizei. Jedesmal, wenn im Osten Berlins eine Aktion von Rechtsradikalen stattfindet, wird Haßelbach vernommen. Auch wenn er meist nichts damit zu tun hat, so kennt er doch die Leute, die in der Szene verkehren und aktiv sind, und weiß allerhand. Einige seiner »Kameraden« könnte er sogar ins Gefängnis bringen. Ihm sind die Täter bekannt, die einen jüdischen Friedhof geschändet haben und die bisher nicht gefaßt wurden. Haßelbach fürchtet, daß er aufgrund dieses Wissens in Dinge hineingezogen werden könnte, die er nicht zu verantworten hat.

Die Szene, in der er ausschließlich verkehrt, ist zu Gewalttaten bereit. Er ist mit Schlägereien und Überfällen auf politische Gegner ständig konfrontiert wor-

Frankfurt an der Oder: Polizei und Bundesgrenzschutz auf einer Demonstration von Rechtsextremisten gegen die visafreie Einreisemöglichkeit polnischer Bürger

den. Gerade die Mitläufer machen durch Krawalle auf sich aufmerksam. Sie fühlen sich auch durch Äußerungen jener Politiker bestätigt, die ständig von einem »Ausländerproblem« reden. Viele der jungen Rechten und Skinheads, das weiß Haßelbach, meinen, sie handelten im Sinne der Bevölkerung. Auch für ihn war das eine bequeme Hintertür...

Aber wenn *seine* »Kameraden« vor einem Mord nicht zurückschrecken sollten, weiß Haßelbach als ihr Führer, was ihm blüht.

In der Justiz setzte sich allmählich die Vorstellung durch, daß rassistische Überfälle und Anpöbeleien von Ausländern keine Kavaliersdelikte sind. Einige der rechtsradikalen Täter, derer die Polizei habhaft werden konnte, sind zu langjährigen Haftstrafen verurteilt worden.

So hat Haßelbach sich die Entwicklung auch nicht vorgestellt. Nach der Wiedervereinigung war er froh, Gleichgesinnte aus dem Westen zu treffen. Von denen ist er nur noch enttäuscht. Er konnte vorher nicht einschätzen, mit welcher Ansammlung von durchgeknallten Fanatikern wie Eckehard Weil, Wichtigtuern wie Gottfried Heinrich Küssel, Hochstaplern wie Otto Riehs, primitiven Hetzern wie Heinz Reisz und Kriminellen wie Günther Reinthaler er sich da einließ. Und der Nachwuchs ist noch schlimmer. Die große Mehrheit der jugendlichen Skinheads, die zu überzeugten »Nationalsozialisten« wie Ingo Haßelbach aufschauen und seiner Karriere nacheifern, haben keine Ahnung von politischen Dingen. Die sind nützliche Idioten für Drahtzieher wie ihn oder Christian Worch gewesen, aber ernst kann er die nicht nehmen.

Am meisten ist er von seinen ehemaligen Freunden aus Ostberlin enttäuscht. Heiko Baumert, er nennt sich inzwischen »Buchenwald«, hat sich der Gruppe um Frank Lutz angeschlossen und will mit Haßelbach nichts mehr zu tun haben. Alexander Dietze hat sich den Vandalen, der rechtsradikalen Rocker-Truppe, angeschlossen, läuft nur noch in Ledermontur herum, kommt sich ungemein wichtig vor und pflegt ausgiebig sein Hobby »Koma-Saufen«. Und André Riechert ist zur Bundeswehr eingezogen worden. Gegen den hat-

Neonazis in Cottbus: »Nützliche Idioten« . . .

ten sie dort merkwürdigerweise nichts einzuwenden, obwohl auch Riechert – als Pressesprecher in der Weitlingstraße – eine wichtige Rolle in der »Nationalen Alternative« gespielt hatte.

Und in seiner Truppe? Haßelbach weiß, daß der 19jährige Oliver Werner viel davon redet, Bomben zu legen; der junge Mann macht aus seinem wirren Haß auf »die Ausländer« keinen Hehl. Er fühlt sich durch die Ereignisse von Rostock und Mölln eher noch beflügelt und möchte etwas Ähnliches tun.

Ingo Haßelbach ist entschlossen, er »will was ändern«. Er will aus der Schußlinie, Ruhe haben, um nachdenken zu können. Er überlegt, sich von der Truppe, vielleicht nur eine Zeitlang, zu trennen. Als er seinen Leuten den Entschluß verkündet, reagieren die mit Verständnis. Außerdem wagt ihm ohnehin keiner zu widersprechen, weil alle wissen, daß Ingo Haßelbach seinen Kopf durchsetzt, wenn er sich etwas vorgenommen hat. Sie sind der Meinung, der »Chef« werde nach einiger Zeit wieder zu ihnen zurückkehren.

Ein paar Tage nach dem Anschlag von Mölln erfährt Haßelbach, daß der Film über ihn gesendet werden soll, der im Frühjahr gedreht wurde. Der lag bis jetzt auf Eis. Der Titel heißt »Wir sind wieder da« und wird Haßelbach als den »Führer von Berlin« zeigen. Er ruft den Filmemacher an, der damals die Interviews mit ihm gemacht hat, um die Ausstrahlung zu verhindern. Er möchte jetzt nicht mehr als der Führer der gewalttätigen Nazis im Fernsehen dargestellt werden, aber es ist schon zu spät. Das Material ist an den Sender verkauft worden, der hat jetzt die Rechte daran und kann senden, was er will.

Am 8. Dezember sitzt Haßelbach mit ein paar seiner »Kameraden« vor dem Fernseher. Er sagt nicht, was er denkt und befürchtet, wartet nur ab, wie die reagieren werden. Er sieht sich in seiner Wohnung auf der Couch sitzen, an der Wand eine Karte von Großdeutschland und gegen Juden und Schwule hetzen …

Eine Soziologin, die im Film auftritt und befragt wird, kennt Ingo Haßelbach schon lange. Er sei sensibel, sagt sie, und ein typisches Beispiel für einen überzeugten Nazi. Er habe sich die Weltanschauung wie ein Korsett übergestülpt, um einen inneren Halt zu finden. Als Haßelbach diese Szene sieht, denkt er, die habe »nicht die geringste Ahnung«. Wenn er so repräsentativ für die Nazis sein soll, gäbe es wohl kaum so viele Gewalttaten.

Haßelbach sieht sich wie in einem Spiegel, und er beobachtet, daß er sich damals im Beisein der anderen Anführer sehr zurückgehalten hat. Ihre primitive Hetze war nicht seine Sache. Und noch etwas geht ihm durch den Kopf: Zu Zeiten der DDR hat er sich immer über Heuchelei aufgeregt, darüber, daß Menschen, die angeblich für das »hehre« Heil der Menschheit kämpften, nicht davor zurückscheuten, zu lügen und Wahrheit zu vertuschen. Er hat es genauso erlebt bei denen, die auf seiner Seite stehen.

Nein, er muß da raus. Seine »Kameraden« bewundern ihn, weil er durch solche Berichte berühmt geworden ist. Er kann sich noch daran erinnern, daß die Jugendlichen in Greifswald Autogramme von ihm haben wollten, als er dort auftauchte. Ja, einer von ihnen sagte sogar, er sei stolz, ihn, Ingo Haßelbach, kennengelernt zu haben.

Das ist ihm jetzt unangenehm. Er möchte nicht deshalb angesehen sein, weil er der Anführer einer Gruppe von Schlägern ist.

Er hat Angst davor, daß seine »Kameradschaft« ihn irgendwann dazu zwingen wird, schwerwiegende Straftaten zu begehen. Er fürchtet aber auch die Autonomen, die Antifa-Gruppen, die nichts lieber tun als den Nazi-Chefs »Denkzettel« zu verpassen.

Haßelbach kommentiert den Film nicht, sagt nichts, obwohl die anderen das ungewöhnlich finden. Zusammen mit einem von ihnen, der in seiner Gegend wohnt, verläßt er den Raum und fährt in Richtung Wotanstraße. Dort steigt er aus, sein Begleiter will noch mit hineinkommen zu ihm und ein Bier trinken. Es ist schon zwei Uhr in der Nacht.

In den Büschen nahe des Eingangs, dann hinter dem Haus sieht er einen Schatten, schöpft aber keinen Verdacht. Als er den Schlüssel ins Schloß steckt, um aufzuschließen, stürzten ein halbes Dutzend vermummter Gestalten auf die beiden los. Sie haben Eisenstangen und Baseballschläger. – Die Feinde, die Antifas! Sie haben den Film über Haßelbach gesehen. Er schlägt wild um sich, sein Begleiter bekommt einen Schlag auf den Kopf und fällt blutend zu Boden, Tränengas wird gesprüht. Nach mehreren Minuten wilder Prügelei lassen die anderen von ihm ab. Haßelbach hilft seinem Kumpan ins Haus. Wie oft wird mir das noch passieren? überlegt er sich. Ich will nicht mehr. So nicht.

10

Ein paar Tage nach dem Film und dem Überfall auf ihn trifft sich Haßelbach mit einigen Freunden aus der Zeit, als er noch Punk war. Er hat sie seither sehr selten getroffen, aber sie redeten noch mit ihm, obwohl sie wußten, in welcher politischen Szene er sich bewegte.

Haßelbach ist froh, daß er überhaupt noch Leute kennt, die anders sind als seine »Kameraden«. Spontan beschließt er, mit den einstigen Freunden nach Westdeutschland zu fahren, nach Würzburg, um dort »einen draufzumachen«.

Ein paar Tage nicht in Berlin sein – das würde ihm guttun.

Doch auch im Westen verfolgen ihn seine Vergangenheit und die Ereignisse: Zusammen mit den alten Freunden sitzt er vor dem Fernseher und muß sich eine Berichterstattung über den Anschlag von Mölln ansehen. Die anderen blicken ihn an, obwohl er schweigt, und fragen ihn, was er darüber denke? Das seien doch seine Leute, die die türkische Frau und die Kinder ermordet hätten! Haßelbach schämt sich. Hier, bei diesen Leuten, gilt sein Prestige als »Führer von Berlin« gar nichts, ganz im Gegenteil. Er kann als Entschuldigung nur anbringen, er sei ja schon »ausgestiegen«.

Das stimmt nicht ganz, aber die Reaktion der anderen bestärkt ihn darin, sich von der »Kameradschaft« innerlich noch mehr zu distanzieren.

Im Januar 1993 rückt eine Entscheidung immer näher. Haßelbach sieht seine Truppe kaum noch. Er meidet ihre Treffpunkte und versucht, Diskussionen aus dem Weg zu gehen. Er bleibt zu Hause, liest viel, aber beschäftigt sich nicht mit Politik. Bleibt in einer abwartenden Haltung.

Da kommt Oliver Schweigert und sagt, seine Freundin habe ihn aus der Wohnung geworfen. Ob er eine Zeitlang bei ihm wohnen könne, bis er etwas anderes gefunden habe. Haßelbach fühlt sich verpflichtet. Er kann doch einen »Kameraden«, und sei es ein ehemaliger, nicht einfach auf der Straße stehenlassen. Auch wenn Schweigert ihm schon immer auf die Nerven gegangen ist, weil er den ganzen Tag alle möglichen Lebensmittel in sich hineinstopft, schlampig ist und auch nicht als Gesprächspartner dienen kann.

Gut, denkt Haßelbach, eine Weile werde ich das schon aushalten. Doch schon bald fühlt er sich in seiner Wohnung unbehaglich. Schweigert beschäftigt sich ausschließlich mit irgendwelchen Nazi-Propagandamaterialien und redet davon, was er alles anstellen will.

Aufmerksam verfolgt Haßelbach die Nachrichten. Die militanten Nazis sind überall aktiv. Ende Januar wird der jüdische Friedhof in Eisenhüttenstadt geschändet. In Thüringen werden Vietnamesen auf offener Straße angegriffen und verprügelt. Fast täglich fliegen Brandsätze auf Asylbewerberheime. Anfang Februar wird in Köln ein Haus angezündet, in dem Türken leben. Die Bewohner erleiden Rauchvergiftungen und sind obdachlos. Das gleiche geschieht in Süddeutschland. Schweigert findet das alles gut.

Dann trifft Haßelbach eine alte Freundin, die er längere Zeit nicht mehr gesehen hat. Alte Freundinnen sind immer gut, wenn man sich mal aussprechen will.

Sie schlägt vor, ein Wochenende in Potsdam zu verbringen. Gesagt, getan. Sie mieten ein Zimmer in einem billigen Hotel, gehen spazieren und reden über alles, was in der letzten Zeit geschehen ist. Haßelbach fühlt sich erleichtert, zugleich hat er auch noch das Gefühl, zurückzukönnen zu seinen alten »Kameraden«, noch sind die Bande zu ihnen nicht völlig abgerissen.

Er genießt es, einige Tage nicht in Berlin zu sein, nicht mehr die Straßenzüge von Lichtenberg zu sehen, nicht immer dieselben Gesichter, nicht jeden Tag Schweigert, wie er sich fettige Spiegeleier in der Pfanne brät. Es fehlt nur noch ein winziger Anlaß, um ihm den letzten Ruck zu geben. Er spürt es.

»Das war wie eine Droge«, sagt Haßelbach in der Rückschau zu mir, »ich brauchte irgendwie Druck, daß ich den Ausstieg auch endgültig vollzog. Ich wußte nur nicht, wie ich das tun sollte.«

Der Anlaß kommt früher, als er sich das gedacht hat. Nach den Tagen von Potsdam kehrt er in seine Wohnung zurück. Schweigert ist nicht da. Die Küche sieht wie ein Schweinestall aus. Die frisch gestrichene Wand ist voller Fettspritzer, die letzten Essensreste sind noch in der Pfanne. Überall liegen Kleidungsstücke herum, der Mülleimer ist nicht ausgeleert. Es mufft und stinkt.

Haßelbach reißt die Fenster auf, trägt alle Abfälle hinunter, macht sauber. Es ist wie ein exorzistisches Ritual, als wollte er alle Reste der Vergangenheit ausmerzen. Jetzt fehlt nur noch, daß Schweigert auftaucht, denkt er. Nachdem alles getan ist, läßt er sich auf sein Sofa fallen. Da öffnet sich die Tür, und sein Mitbewohner kommt herein. »Du mußt sofort ausziehen«, sagt Haßelbach. »Ich hab dir gesagt, daß ich aussteigen will. Jetzt tu ich's. Ich hab die Schnauze voll. Und von dir sowieso.«

Schweigert begreift nicht. Gut, er wird seine Sachen packen und gehen. Aber sonst? Wahrscheinlich hat der wieder mal schlechte Laune. Haßelbach bleibt wortkarg, geht zu seinem Bücherregal und fängt an, Flugblätter auf den Boden zu werfen, Nazi-Bücher, ein Hitlerbild, Hakenkreuzfahnen. Alles, was rechts ist. »Ich will das Zeug nicht mehr haben«, sagt er zu Schweigert, der auf einem Stuhl sitzt und dumm zusieht. »Bist du verrückt geworden?« fragt der. »Es ist mein voller Ernst«, antwortet Haßelbach. Die ersten Flugblätter fliegen in den Ofen, Bücher landen in einer Mülltüte.

»Halt«, ruft Schweigert. »Ich such mir noch aus, was ich gebrauchen kann.« Gierig sammelt er alles auf. Hitlers »Mein Kampf« liegt auf dem Fußboden, der »Leuchter-Report«, Propagandamaterial aus der Zeit der Weitlingstraße, eine Flugschrift mit dem Titel »NS-Verbot aufheben!«. Haßelbach steht in einer Ecke, die Hände in die Seiten gestemmt und wartet ungeduldig. Endlich ist Schweigert fertig und packt seine Habseligkeiten zusammen. Die letzten Reste des rechten Materials wandern in Plastiktüten. Haßelbach nimmt noch einige Plakate von der Wand und verstaut alles außer Reichweite. Schweigert verläßt die Wohnung und sagt zum Abschied: »Sieg Heil.« Haßelbach antwortet nicht. Er wird ihn nie wiedersehen.

Doch was soll er jetzt tun? Er läuft in seinem Zimmer auf und ab und überlegt. Er muß den »Kameraden« zeigen, daß er es ernst meint. Er weiß aber auch, daß die sehr unangenehm reagieren werden, wenn er seinen Ausstieg in der Öffentlichkeit bekannt macht. Er fürchtet, zusammengeschlagen, ja ermordet zu werden, wie es in der Vergangenheit einigen passiert ist, die den gleichen Schritt vor ihm taten. Wen kann er um Hilfe bitten? Wo kann er untertauchen? Er hat kein Geld, die Wohnung seiner Mutter ist in der Szene bekannt. Ihm fallen ein paar Leute ein: Er erinnert sich, daß ich ihm bei einigen Unterredungen prophezeit hatte, er werde irgendwann »auf die Seite der Guten« überwechseln. Aber Haßelbach hat meine Telefonnummer nicht mehr. Und er weiß, ich lebe, seit ich mich mit dem Rechtsradikalismus beschäftige, konspirativ, so daß ich nicht einmal im Telefonbuch stehe.

Also bleiben nur zwei Möglichkeiten: die Polizei und der Filmemacher, der ihn als »Führer von Berlin« vorgestellt hat. Den ruft er an. Er schildert seine Situation und bittet ihn, ob er nicht einen kurzen Film drehen könnte, in dem er, Haßelbach, sich öffentlich von den militanten Rechten distanziert.

Natürlich sagt der zu und verspricht, so bald wie möglich vorbeizukommen. Er werde sich umhören, welche Anstalt Interesse daran hätte, über Haßelbachs Ausstieg etwas zu senden.

Dann nimmt Haßelbach Kontakt zur Polizei auf. Das ist nicht ganz einfach. Die werden ihm zunächst kein Wort glauben. Außerdem hat er keine Lust, vom Verfassungsschutz oder ähnlichen Behörden ausgequetscht zu werden. Denen traut er nicht über den Weg. Er möchte nicht von einer Abhängigkeit in die nächste geraten. Also wendet er sich an Beamte aus einer Polizeitruppe, die sich auf Gruppengewalt und deren Vorbeugung spezialisiert hat, Leute, die mit Turnschuhen herumlaufen, sich häufig in Kreuzberg betätigt haben und dementsprechend hart im Nehmen sind. Bei denen war er schon ein paarmal »Kunde«. Er hat sogar noch ein paar Telefonnummern.

Und er hat Glück. Einer der Polizisten traut ihm, gibt ihm die Nummer seines privaten Anschlusses und sagt, er solle, falls es brenzlig würde, anrufen. Vielleicht würden er und seine Kollegen auch mal bei Haßelbachs ehemaligen »Kameraden« vorbeischauen, wenn die aufmuckten, und denen einen Nasenstüber geben ... Das ist nicht viel, denkt Haßelbach, aber immerhin etwas.

Dann wird sein Ausstiegsfilm gedreht. Der Filmemacher läßt ihn einige Szenen nachstellen. Haßelbach verbrennt demonstrativ ein Bild Adolf Hitlers und erklärt, die Morde von Mölln seien ausschlaggebend dafür gewesen, daß er sich mit der rechten Szene nicht mehr identifizieren könne. Er packt drei Gewehre in eine Kiste, dazu kommt eine Hakenkreuzfahne. Haßelbach gibt noch einige Details zum besten, die später für viel Aufregung sorgen werden. So sagt er unter anderem, daß die »Nationale Alternative« von honorigen Bürgern mit Spenden unterstützt worden sei ...

Auch der Dokumentarfilmer weiß, was Haßelbach blühen könnte, wenn der Film im Fernsehen laufen wird. Er hat Angst, daß der braune Mob auch ihn dafür verantwortlich machen könnte, daß der Nazi-Anführer ausgestiegen ist. Schon 1983 gab es einen Fememord an einem Aussteiger, Johannes Bügner, der mit 26 Messerstichen in einem Wald aufgefunden wurde. Und der 16jährige Roger Bornemann, der sich ebenfalls von der rechten Szene losgesagt hatte, wurde erst vor wenigen Jahren zu Tode geprügelt.

Also schlägt er vor, erst einmal einige Wochen nach Paris zu fahren. Dort hat der Filmemacher noch eine Wohnung und kennt viele Leute. Haßelbach ist begeistert. Erst einmal Gras über die Sache wachsen lassen! Er wird noch früh genug erfahren, wie seine ehemaligen »Kameraden« reagieren. Außerdem war er noch nie in Paris. Noch bevor der Film gesendet wird, fahren die beiden los.

11

Der Mann fällt auf: Er überragt die meisten Leute um Haupteslänge und hat strohblonde Haare, was am Montmartre die Ausnahme ist. Der deutsche Ex-Nazi-Anführer Ingo Haßelbach in Paris, mitten in einem Viertel, in dem vorwiegend arabische Immigranten leben. Der Filmemacher läßt ihn allein. Er soll die Stadt auf eigene Faust erkunden.

Haßelbach hat die Springerstiefel gegen schlichte Turnschuhe vertauscht und erfährt zum erstenmal, wie es sein kann, wenn Menschen aus unterschiedlichen Kulturen auf dichtem Raum zusammenleben. Er streift durch die Stadt, wagt sich in arabische Cafés, durchstöbert Märkte, auf denen exotische Früchte feilgeboten werden, versucht, hier und dort ein französisches Wort aufzuschnappen, um nicht ganz sprachlos dazustehen. Er fühlt sich wie in einem Film. Und er bemüht sich, keine Gedanken darauf zu verschwenden, was inzwischen in Berlin geschieht.

Einige Abende verbringt er mit Freunden des Filmemachers in Restaurants oder Cafés. Die waren vorher informiert worden, um welchen Mann es sich bei dem blonden Deutschen handelt. Einige weigern sich zunächst, überhaupt ein Wort mit ihm zu wechseln. Andere sind neugierig, suchen ihr Deutsch zusammen und fragen ihn aus. Er kann sich jetzt nicht einfach zurückziehen oder so tun, als hätte er nicht an das geglaubt, was er noch vor einigen Monaten von sich gegeben hat.

Manchmal kommt er sich vor, als träume er nur. Wenn er sich in die Runde seiner »Kameraden« zurückversetzt, erscheint ihm die Vergangenheit wie ein miefiger, provinzieller und beschränkter Ausschnitt aus einem Leben, das eigentlich ganz anders ist und sein könnte, als er es sich jemals hat vorstellen können.

Nach einigen Wochen führt er ein längeres Gespräch per Telefon mit seiner Mutter. Die erzählt, daß in Berlin seinetwegen »die Hölle los« sei. Nachdem der Film über seinen Ausstieg gesendet worden sei, hätten sich seine ehemaligen »Kameraden« in einer Kneipe getroffen. Sie weiß das alles von Ingos jüngerem Bruder, der noch Kontakte in die Szene hat, und von seiner Schwester, die hier und dort in Diskotheken Meinungen von Rechten aufgeschnappt hat.

Alle seien empört gewesen, vor allem, weil zu sehen gewesen wäre, daß Ingo ein Hitlerbild verbrannt habe. Sein Ausstieg hat ihnen wieder ein richtiges Feindbild verschafft. Alle fühlten sich plötzlich als überzeugte »Nationalsozialisten«. Und sie hätten beschlossen, ihn »aufzumischen«.

Überall in Lichtenberg und Friedrichshain klebten Flugblätter mit seinem Bild, darunter die Aufforderung: »Schlagt ihn!« und die Warnung, Haßelbach sei ein »Agent des Staatsschutzes«. Fast jede Nacht schlichen sich Rechtsradikale in ihr Hochhaus, sprühten die Wände voll und hätten sogar ihr Türschloß verklebt. Verantwortlich sei ein »Kommando Horst Wessel«. Überall sei zu lesen: »Ingo Haßelbach, wir kriegen dich!« oder »Verräterschwein«.

Haßelbach versucht, seine Mutter zu beruhigen. Nach einem Monat Paris fährt er wieder nach Lichtenberg, besucht seine Mutter am frühen Morgen, weil er weiß, daß seine Feinde dann noch schlafen. Er hält sich meist in Kreuzberg auf. Dort wagt sich kein Rechter hin. Ingo hat nur Angst, daß ihn die Autonomen erkennen. Die glauben ihm seinen Ausstieg nicht, sondern halten alles für eine Finte. Er lebt ständig auf dem Sprung, übernachtet mal bei einer Freundin, dann wieder in seiner Wohnung in der Wotanstraße.

Doch am meisten trifft es ihn, daß seine Schwester in einer Kneipe von einem seiner ehemaligen »Kameraden« beschimpft und geschlagen wird, weil sie ihren Bruder nicht verriet. Sie traut sich jetzt kaum noch allein auf die Straße. Nach diesem Vorfall hat sich auch sein Bruder Jens von der Szene distanziert.

Als Ingo im Hausflur der Wohnung, die ihm einer seiner Freunde aus Punk-Zeiten vorübergehend zur Verfügung gestellt hat, einen seiner Steckbriefe entdeckt, wird es ihm mulmig. Er befürchtet, daß »sie« ihm auf der Spur sind. Er weiß, daß hinter dem »Kommando Horst Wessel« Heiko Baumert alias »Buchenwald« steckt. Der kennt ihn und seine Gewohnheiten zu gut. Ingo hat ja mit Baumert häufig genug Sprühaktionen gestartet und kennt dessen »Handschrift« auf Mauern und Wänden.

Der Dokumentarfilmer, dem er seine Situation schildert, hat gerade ein Projekt abgeschlossen und schlägt Ingo vor, noch einmal wegzufahren, dieses Mal nach Barcelona. Ein paar Stunden später ist Haßelbach wieder unterwegs und froh, Lichtenberg einige Zeit nicht mehr sehen zu müssen. Barcelona kennt er schon ein wenig: Damals hat er dort die spanischen Faschisten besucht. Er nimmt sich vor, um deren Treffpunkte einen weiten Bogen zu machen.

Nach der Rückkehr aus Barcelona hat Ingo Haßelbach mich angerufen. Die Lage ist unverändert. »Bei den Rechten ist der Haß auf Verräter so ausgeprägt«, sagt er, »daß sie meinen: Jemand, der aussteigt, geht sofort zum Staatsschutz oder zu den linken Feinden und verrät alle.« Das habe er nicht vor. Aber was er auch tun werde, ein Teil der militanten Szene werde hartnäckig bleiben und nach ihm suchen. Und wenn die ihn, auch nur zufällig, erwischen würden, ginge es ihm schlecht.

Was war für seinen Ausstieg am wichtigsten? Ingo überlegt nicht lange: »Daß ich mich mit einigen noch unterhalten konnte, die ich für mich eigentlich schon abgeschrieben hatte. Ich hatte Angst, ich würde bis an mein Lebensende so weitermachen müssen.

Haßelbach weiß bis jetzt nicht, welches genau die Stationen waren, die zu seinem Entschluß, ganz auszusteigen, führten. Im Gegensatz zu vielen anderen ist er aber in der Lage gewesen, seine Situation realistisch einzuschätzen, sich über die Folgen seiner Handlungen klarzuwerden. Natürlich auch: Gerade weil er als ehemaliger Nazi-Anführer genug Erfahrungen mit den Medien hatte, konnte er sie bewußt einsetzen. Weil er seinen Ausstieg öffentlich verkündete, zwang er sich selbst, konsequent zu sein.

Der Ausstieg hat ihm bislang nur Vorteile gebracht, auch im Privatleben.

Seine Mutter, die wegen ihres »mißratenen« Sohnes viel gelitten hat, ist jetzt überglücklich. Der Großvater, bei dem Haßelbach die ersten Jahre seines Lebens verbrachte, hatte kaum noch ein Wort mit ihm geredet, seitdem der Enkel in der rechten Szene verkehrte. »Er ist jetzt 87 Jahre alt. Nach meinem Ausstieg hat er mir ausrichten lassen, ich solle ihn besuchen. Der hat nie etwas über die Nazi-Zeit erzählt. Das hat sich geändert. Jetzt reden wir viel und lange miteinander, über alles, was er damals erlebt hat – und was ich erlebt habe.«

Nach dem Ausstieg

Ingo Haßelbach hat über seine Erfahrungen ein Buch geschrieben, die Medien reißen sich schon wieder um ihn, wie noch vor zwei Jahren – jetzt aus anderen Gründen. Manchmal wird ihm der Rummel zuviel. Er weiß noch nicht genau, wo er sich politisch einordnen soll, muß über manche Dinge einfach in Ruhe nachdenken. »Ich arbeite an mir«, sagt Ingo Haßelbach.

Der Autor

Burkhard Schröder, 1952 in Holzwickede/Ruhrgebiet geboren, studierte in Münster und Berlin Germanistik, Geschichte und Philosophie. Ab 1979 reiste er zwei Jahre durch Lateinamerika. Nach kurzem pädagogischem Zwischenspiel an einem humanistischen Gymnasium arbeitete er als Taxi-Unternehmer. Heute lebt er als freier Journalist in Berlin-Kreuzberg. Diverse Veröffentlichungen, u. a. »Unter Männern«, »Ab-Schnitte«, »Spuren der Macht«, »Rechte Kerle« – alle erschienen im Rowohlt Verlag Hamburg.

Der Fotograf

Dietmar Gust, geboren 1959 in Lübeck, studierte in Kiel und Bielefeld Fotodesign. 1986 erste Arbeiten zum Thema Rechtsextremismus. Lebt seit 1990 als freiberuflicher Bildjournalist in Berlin. Mitinhaber der Fotoagentur »Zenit«.